名师成长书系

基于核心素养下的高阶思维培养

JIYU HEXIN SUYANG XIA DE GAOJIE SIWEI PEIYANG

小学语文思维训练课教程

江晓明 ◎ 著

吉林大学出版社

长春

图书在版编目（CIP）数据

基于核心素养下的高阶思维培养：小学语文思维训练课教程 / 江晓明著 .
—长春：吉林大学出版社，2021.10

ISBN 978-7-5692-9184-1

Ⅰ . ①基… Ⅱ . ①江… Ⅲ . ①小学语文课—课堂教学—教学研究

Ⅳ . ① G623.202

中国版本图书馆 CIP 数据核字（2021）第 218174 号

书　　　名	基于核心素养下的高阶思维培养：小学语文思维训练课教程 JIYU HEXIN SUYANG XIA DE GAOJIE SIWEI PEIYANG： XIAOXUE YUWEN SIWEI XUNLIANKE JIAOCHENG
作　　　者	江晓明 著
策划编辑	樊俊恒
责任编辑	王洋
责任校对	张文涛
装帧设计	笔墨书香
出版发行	吉林大学出版社
社　　　址	长春市人民大街 4059 号
邮政编码	130021
发行电话	0431-89580028/29/21
网　　　址	http://www.jlup.com.cn
电子邮箱	jdcbs@jlu.edu.cn
印　　　刷	武汉颜沫印刷有限公司
开　　　本	787mm×1092mm　　1/16
印　　　张	9.75
字　　　数	150 千字
版　　　次	2021 年 10 月第 1 版
印　　　次	2021 年 10 月第 1 次
书　　　号	ISBN 978-7-5692-9184-1
定　　　价	46.80 元

目 录 CONTENTS

◎ 第一章　思维的碰撞 ◎

　　在时代遽变的今天，教育变得从来没有像今天这样扑朔迷离，令人眼花缭乱。然而，在信息爆炸的大数据时代，这一切又变得那么简单。大数据就是答案，人们用自己的行为清楚地告诉自己想要什么，未来将会如何，今天的脚印就是明天的路径。

　　为了让我们省级名师工作室主持人更加顺利地完成建设任务，拓宽我们的视野，了解最前沿的教育理念，广东省教育厅决定，指派一批工作室主持人赴美考察学习。考察的重点在于学习美国基础教育的先进理念、中小学高素质师资队伍培养、先进的教学科研环境建设以及课程开发等方面的经验。

　　2019 年 1 月 7 日至 1 月 27 日，我非常荣幸地参加了由广东省教育厅继续教育指导中心及广东第二师范学院精心策划与组织的为期 21 天的文化交流之旅——赴美培训学习。在 21 天的美国之旅中，我从一个一线教师的视角观察美国教育的特点，对比中美教育的异同，在思辨中理解美国教育的理念，感受美国良好的教育环境、全新的教育思想、多样的教学方式及良好的教育成果刈我们思想的冲击。

第一节　赴美学习概况

纽约风光秀丽，气候宜人，大量的移民使纽约成为一个具有多种族、多种文化色彩的国际性城市，并拥有众多移民社区。各色人种聚居的地区形成了各自的"城"，其经济状况良好，生活小康，这里的家长文化素质水平不一，对教育的关注程度也有所不同。由于时间和活动范围的限制，我们没有机会参观更多的学校，看到的只是美国教育的一角，但我们还是努力地通过这个窗口尽量多地去感受美国教育。

图1　名师工作室主持人在美国参访学校合照

在美学习期间，我们生活得愉快且充实。在哥大教育学院研究中心副主任、研究员程贺南博士及胡继辉组长的带领下，我们有条不紊地完成了一个个学习、浏览、参观项目。期间，我们聆听了教育专家、学区官员、校长、教育董事会官员等的讲座。从相关讲座中，我们比较系统地了解了美国教育的制度、美国教育的历史改革发展、美国教育的现状与问题、美国教育的未来与计划。我们参访了位于纽约、康涅狄格州的十多所中小学，与当地学区官员、校长、副校长、教师、学生零距离接触，参观校园，走进教室、实验室、体育馆、艺术馆、食堂等，进行了深入交流并观摩课堂，收集第一手资料；参访了哥伦比亚大学、哈佛大学、麻省理工学院等多所美国顶尖高校。在此过程中，笔者尽最大努力地多看、多听、多问、多讲、多思考、多学习，把我们中国教师最好的形象展示给他们，做中美教育交流的使者。

第二节　赴美学习见闻

一、参观哥伦比亚大学师范学院

哥伦比亚大学师范学院是世界排名第一位的教师学院，其古典教堂风格搭配现代装潢特色，给人一种厚重的感觉，不论是布局、装饰都相当考究，连卫生间的水龙头、纸巾筒都是锃亮沉厚的。进入哥大校园参观，校园很大，没有围墙，没有宣传标语，各个学院是很小的，古色古香的，没有浮丽，没有喧嚣，一切似乎都在静悄悄地进行，这应该就是做研究的常态吧！

二、在哥伦比亚大学听专家的讲座

在哥伦比亚大学聆听教育专家所讲的最前沿的教育理念，是我们在美国之行中最重要的安排，我们大部分时间是在哥伦比亚大学度过的。此次赴美研修第一天，哥伦比亚大学中国教育研究中心副主任、教育学院兼职助理教授程贺南博士给我们做了"哥伦比亚大学简介及美国基础教育概况"的讲座。程博士和我们年龄相仿，但学识渊博，坦诚热情，她让我们清楚地了解到哥大的悠久历史、杜威的教育理念，以及哥大教育学院所秉承的先进理念；程教授以她儿子的实例讲到美国教育也是秉承哥大杜威的教育理念，强调在实践中学习，讲究灵活多样的学习方式，尤其讲到对学生批判性思维的培养时举了"项目式教学"的两个案例，一是让学生不受限制地画自己的另一半的案例，二是让学生选一本不能看的书并阐明理由的案例。在这两个案例中教师都充分利用了学生的想象空间，让学生思考、接触、写作、独立地思考、批判地思考，在这个过程中培养了学生的批判性思维……程教授的讲座深入浅出，使我们获益良多。

下午，是关于"批判创新式思维与课程改革"的讲座，由哥伦比亚大学教育学院的罗伯特·曼森（Robert J. Monson）教授主讲，关键词是批判和创新。Monson教授去过中国沈阳四次，对中国的教育教学有一定的了解，因此，他的讲座更有针对性。他将中美教育的不同点及融合点讲得很透彻，并将中国的整体教学模式和美国的针对个人的教学模式进行了对比，阐明了发展批判性思维的重要性，同时，详细地讲解了课堂教学中怎样提高学生的批判思维能力，他在讲到分层次教学时特别强调教师在教学前应了解学生水平；还强调"做老师的职责就是问一个好的问题"，问题必须由浅入深，What—How—Why，适合不同层次的学生，而且强调"不给学生标准答案"，因为每个学生都会有自己的答案。他还幽默地说："好的领导总会问最合适的问题，不应强调一个标准答案"。Monson教授还让我们对经济论坛提出的2020年十项重要技能进行重新排序，然后抛出问题：高考能促进学生批判性思维和创新性思维的提高吗？他提出全球趋势是从死记硬背的学习方法转向创新地解决问题，需要转变三个方面：一是从集体获益到个人获益的社会文化转变，二是从死记硬背获得知识到利用知识解决问题的课程设计转变，三是从整体教学到注重个体差异性的教学法转变。Monson教授总是那样诙谐幽默，让我们在轻松的气氛下学到了很多知识。

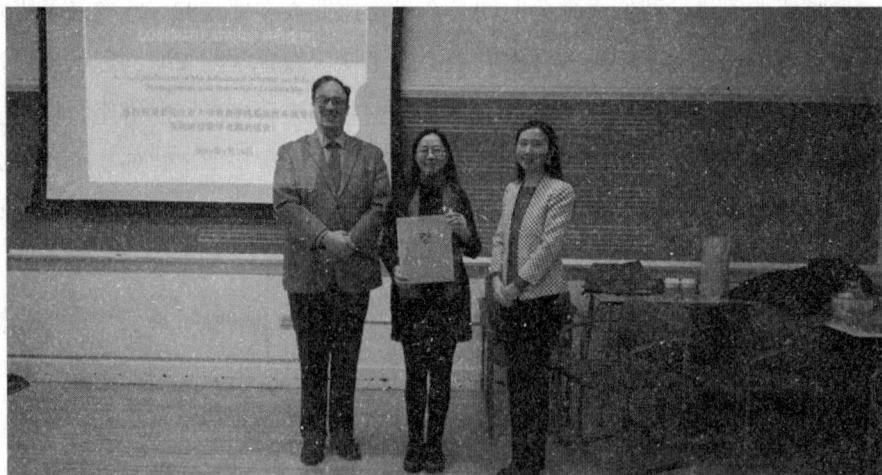

图2　美国哥伦比亚大学参访学习结业典礼

三、充满创造力的哥大幼儿园

最令人耳目一新的讲座是哥伦比亚大学教育学院附属幼儿园园长 Heather Pinedo-Burns 给我们上的"美学在幼儿教育中的应用"。随着 Heather Pinedo-Burns 园长的到来，一车幼儿道具，几大袋图片、教具都被她运了过来，又被她一样样摆好在讲台周围，我们一下子就被吸引了过去。Heather Pinedo-Burns 园长在讲课过程中不断给我们展示那些色彩斑斓、精致可爱的艺术品教具，她说："哥大幼儿园老师深受杜威先生的强调儿童实践的重要性的观点和理论的影响，致力于培养儿童的探索意识，采用针对儿童需求的方法，运用美学等方法，有目的地针对儿童特点及时做出反应，让孩子们享受丰富自己的乐趣。在每日的课堂中鼓励儿童通过游戏思考探索，给孩子们时间来探索。"例如：运用物理空间的布局，设置开放友好的环境，可以促进孩子们更好地接触、交流，形成融洽的关系；环境是孩子的另一位老师，将孩子所处的环境布置得很有氛围感，比如墙的颜色、家具的形状、架子与桌子上的简单陈设，这些细节上的处理无处不在激发孩子的兴趣，使其像小科学家一样思考。带孩子到大自然中，用大自然的美景来激发孩子的创造力，将数学和艺术结合起来，用石头来讲故事；创造和"光"一起玩的场景，结合光影展示讲故事；用有趣的、好玩的艺术把孩子的热情带到课堂；尊重和认可孩子艺术作品中的美感。她的讲解很令笔者感动，尤其她说的"尊重儿童是我们工作的基石"这句话到现在还萦绕耳边。

下午，我们参观了哥大幼儿园。哥大幼儿园老师以培养儿童的美学和创造力为目的，融合风靡全世界的蒙台梭利（Montessori）学前教育理念，抓住尊重与信任、兴趣与发展、探索与实践、游戏与互动、环境与等待等关键词，制订计划，制作教具。大小两个屋子里充满了各式各样自制或购买的玩具、教具、书籍，整理堆放得非常好。孩子们多样化的活动渗透了文字、文化、科学、艺术、数学等人文和科学，比如，积木的多功能使用，环境、材料的使用，户外活动的开展与引导、兴趣的激发与走进课堂等等。"教育无痕，效能无限"，丰富的操作案例让我们惊叹于实施学前教育研究者的高度与前瞻，教育者的用心与智慧。

图 3　参访美国 Madison Middle School 学校环境

图 4　参观美国 Bloomingdate Elementary School，与孩子们合影

四、美国基础教育现状

哥大培训第三天，我们听了两场讲座。上午是康涅狄格州木桥市（Woodbridge CT）特兰伯尔镇的学监、教育学博士 Guy Stella 的讲座，主题是"学区与学校可持续改革的领导力策略"；下午是史岱文森高中（全美最好的精英高中之一）原校长张洁的讲座，主要内容是"美国基础教育基本情况介绍"。

Stella 博士介绍了康涅狄格州与山东菏泽市学校建立起姊妹学校，自己曾到中国演讲交流，去过北京、武汉、香港等地，退休后依然对教育研究和教育交流方面很感兴趣。他一头银发，精神矍铄，站着讲两个小时，让人深深感受到教育人的不竭动力和情怀韧劲。教授给我们分享了两本批注写得密密麻麻的书，Coherence（《连贯性》）和 The six secrets of the change（《变革的六个秘密》），以新鲜事件"嫦娥 4 号升空"为例诠释关于连贯性的框架，即关注方向—培养合作文化—深化学习—切实问责，并迁移到教育提出两个思考点：一是所有高绩效的教育系统都需要来自教师自发参与改革流程的支持，从而实现整体达标；二是优秀领导的影响力不仅仅在于对学生成绩的影响，还有他们培养了多少好领导。讲座最后，Stella 教授分享雁阵飞行的思考，其实就是集体、鼓励、信念的力量，讲座以孔子名言"智者不惑，仁者不忧，勇者无惧"做结尾。

五、美国的课程设置

下午，我们聆听了原纽约史岱文森高中校长张洁的讲座。张洁曾是史岱文森高中的校长，现在任纽约军事学院校长。张校长是一位华人，干练、睿智。通过她在美国的经历，我们看到了华人来美国打拼的艰辛与努力，并为此感到自豪。她介绍了美国的课程设置：美国的基础教育实行小班制，学分管理。美国的中小学课程安排灵活、实用、自主，学校还创造条件开设其他选修课，中小学学生可以很自由地学习。学校及教师对课程教学具有很大的自主性，可以根据教师的特长、特点开设校本课程。美国教育部要求每一所学校和每一名教育工作者决不放弃每一个学生，目的就是让每一个孩子都能接受教育，无论是对教室的布置还是课堂与学生的交流都无不体现出对学生的关心。学校采取分层教学，目的是不会产生流水式教育似的粗暴的教育方式。同时我们也更懂得"教育"的真谛：教育，并不是要把所有人教导成一模一样的社会精英，而是要尊重人发展的多样性和每一个独立的个体，鼓励每个人成为最独特的那颗星。

六、美国的教育体系

张校长还为我们介绍美国的教育体系。美国小学5年，初中3年，高中4年；有公立（public）免费、公立选拔（magnet）免费、民办公助（charter）、私立（private）四类学校。各阶段特色为：小学全科教学，一二年级不考试，三年级开始参加州统考，开设特色课程；初中专科教学，以英语综合分班，可以开设高中课程，设立选修课；高中采用学分制，以必修和选修构成，后者跨班、跨年级，开设超前课程、大学课程，主张让学生独立学习，参加大量的课外活动，为升学（SAT ACT）标化考试做准备，第四年下学期开始申请大学。纽约州签发高中毕业文凭的标准：学生在学分制下的必修课和选修课、大学先修课、课余活动和心理及学术辅导中的表现，是否违反过校规、获得处分。高中生申请大学的程序：申请大学时间表，申请大学的各项指标（申请表，作文，成绩单，SAT, ACT, SAT II, 教师推荐信，面试)，奖、助学金，学校在学生申请大学过程中所起到的作用等等。笔者感到其实作为美国的学生，他们的学习生活是丰富多彩的，他们不仅可以选择自己向往的大学，还有多样的选择，可以有多次机会去努力；同时，他们也可以选择自己喜欢的，也就是美国的教育是让每一个孩子成为他自己。

七、走进美国中小学课堂

在美国访学第二、三周的活动，是我们的重头戏，我们有幸参观了美国爱文世界学校、加菲尔德高中等学校，参观了他们的教学设施，观摩了20多节课，包括数学、科学、历史、写作课……美国的课程设置、知识程度、学校教学体制、课堂教学方式和学习方式等，让我们大开眼界并深受触动。

如：在雷曼学院附属美国研究高中（High School of American Studies at Lehman College），我们观摩了微积分、西班牙语、生物、英文写作、世界历史、化学等课堂。观察整个课室，教室的环境与布置都很学科化，墙壁都是相关的资料，比如地图、化学元素表，学科知识等。学生位置、座位都是很自由的，有插秧式、围坐式，有的桌椅甚至东倒西歪，极不整齐，这是美国教师设计的创新又现代的教室，从学生的角度出发来设计教室环境。将前瞻性的教育理念和现代化的设计手段融合起来打造教室，一定会受到孩子们的喜爱，让孩子爱上教室，爱上学习。教室里，给学生选择座位的自由，同样是写字，有的喜欢站着，有的喜欢跪着，有的喜欢晃来晃去；授课方式有讲解、讨论、问答、质疑等。整体看来，教师都是满面春风，没有任何疾言厉色；学生都是自由张扬，没有任何拘束紧张——这真是一个充满思维碰撞的课堂。只有这样，方能解放人，才能让学生有自主思考和自由表达的欲望、行动。在美国的课堂里，师生更多的是围绕一定的任务开展人际交往：师生在共同"做一件事"，"事"是完整的、未知的。一方面，是人各方面因素的综合性参与；另一方面，活动涉及的各方面相互渗透与促进。学生正是在这样一个过程中获得完整、全面的成长。

八、美国的精英教育

在美国第七天，我们参观了美国爱文世界学校（Avenues the World School）。爱文世界学校是一所高端的私立学校，于 2012 年首建于纽约，坐落在曼哈顿西 26 街 256 号。这里是纽约最昂贵也是最受欢迎的住宅区，被誉为纽约的"黄金海岸"。爱文世界学校的办学宗旨是：不为传统羁绊，成为"思维新学府"。学校旨在培养有全球视野的未来领航人，去发现和解决世界上的种种挑战。这就是美国人常挂在嘴边的精英教育。我们参观了爱文学校的幼儿园和小学部的课堂，只见教室布置得很有特色，四周墙上白板或黑板基本不用来写字，都用来挂、贴一些学科材料，展示学生的作品等。学校很重视培养学生的动手能力和创造能力。环境是孩子的第三位老师，在这里再一次得到验证。爱文世界学校的沉浸式教学非常有特色。所谓"沉浸"，就是这一天都是沉在浸在这个语言环境中，一天是英文教学，另一天就是中文或西班牙语教学，无论什么教学内容都是这种语言。我们走进这所学校，目见之、耳闻之都是中文，这样的沉浸式学习，学生怎会学不好语言呢？看来，美国的精英教育也都是从娃娃抓起的。

九、美国的阅读教学

美国课堂注重整本书阅读，在国内曾听到不同的说法，有人说，美国中学语文课不用课本，也有人说还是用的。实际情况是怎样呢？笔者想一探究竟。我们走进 Madison Middle School，看到美国教师都没有办公室，教室便是他们的教育阵地。来到一间教室，吸引笔者目光的是教室中央的小桌，上面满是书，一摞一摞的，一共十种，熟悉的如胡赛尼的《灿烂千阳》、戈尔丁的《蝇王》、苏萨克的《偷书贼》等，不熟悉的有戴维斯的《梅尔的战争》、麦考密克的《永不坠落》等。我们观摩了六年级的阅读课（初一），教室内有 21 名学生。看课堂反应应该是之前学生读了一本书，课上正围在一起交流、讨论、回答。他们特别喜欢讨论，几乎到了无讨论不成课的地步。讨论的内容广泛，可以是小说的主题，可以是小说的人物形象，可以是小说的关键情节，也可以是小说的表现手法。针对细读文本时发现的问题，问题驱动，任务驱动，展开头脑风暴，在互动碰撞中，让学生产生丰富的创意。

课堂上，有好几个学生积极发言，老师则坐在桌子上，间或插句话。之后学生回到座位完成一份读书笔记，主要项目有 speech, thought, effect on others, actions, looks 等，看样子是要学生读完后写出关键内容和主要想法等。这其实是阅读的内化问题，能够用自己的语言复述主要元素，并有自己的看法，这不就是阅读的真谛吗？当然阅读还能丰富情感，提升体验。

阅读教学一直是我们国内语文教学的短板，教师不知道怎么教，内容多真的很难驾驭。阅读的重要性不必赘述，关键是我们该怎么做才能使学生产生兴趣。有老师说，阅读教学可以从两个维度进行，一个是宏观层面，包括作家作品、主要情节、主要人物及性格、主旨主题、写作特色；另一个是微观层面，就是精彩片段鉴赏，主要聚焦人物性格、主题分析及语言运用赏析。美国学生读真实的书、完整的书，这对师生更具有挑战性，可以更好地培养学生的阅读能力、分辨能力和批判能力。况且社会、历史等学科已经让学生读了不少非虚构作品。学生在阅读中重视精读、批判和探索，教授把他们的阅读教学概括为"主题式研究型小说阅读"。他们重视文本精读，常用做注释、填表格等方法梳理情节，把握细节，深耕文本。可以说，Madison Middle School 给了我们一个很好的参考，聚焦几十页，做阅读指引，让学生先读，再交流，最后说出来。这样的阅读教学，的确有效地提升了学生的语文素养。

十、美国的探索性写作

美国学校倡导探索性写作，让学生充分利用写作，展示自己的阅读思考结果，表达自己的阅读理解，促进自我成长。

在美国中学语文课上，各种各样的作业很多，除常规的读书报告之外，他们很擅长采用海报这种形式。这些海报极富创意和巧思，很好地表达了对原文中关键象征物的理解，体现了学生阅读的质量，而且人人展示，互助启发，让学生构建出全新的阅读策略。

第三节　美国之行的反思与收获

一、美国融洽、和谐的师生关系让我们折服

美国教师没有什么权威可谈，美国人不承认权威。而中国孩子则盲目崇拜教师，觉得教师总是对的。中国的教师喜欢保持威严，不苟言笑；美国的教师很喜欢和小孩一起聊天，是孩子要好的朋友。我们每走到一间教室，都会看到教师脸上的微笑，怪不得有人形容教师是光明的使者，因为教师的微笑给孩子们带来了阳光。美国的师生在学业上是指导与被指导的关系，而在社会上往往是朋友关系。甚至美国学生会直接叫老师昵称，因为他们是平等的。

二、美国教育的实用主义让我们惊叹

很多教育专家说中国教育讲究规矩，美国教育讲究实用。先看中国人是

怎样教育孩子的。很多中国家长认为，孩子像个空瓶，吸收能力特别强，于是有计划、有目的、有步骤地给他们灌输知识，教其背唐诗、诵古训，尽管孩子不一定理解，但先让其被动吸收，然后慢慢消化，最后将这些知识融会贯通。

而美国教育却尽量让孩子多玩，提倡利用幼童的探索天性，通过让其接触大自然认识真实世界，建立认知基础。教师多让幼童用五官感觉大小、形状、颜色、质地，用心去体会数字的意义，而不是只获得正确答案。中国一般不太允许孩子参加真正的社会活动。但美国小学生一旦走进校门就开始真正参与社会活动了。美国的课外活动是学生自发参与的，经费也是大家共同承担、共同寻求赞助。比如，8 岁的孩子会帮人清洗洗衣机，一次 8 美元，或为别人演奏等，把赚到的钱拿来做活动。当然并非所有的活动都是为了赚钱，也有很多是打义工的。

幼童不能像大孩子或成年人一样抽象地学习，他们需要用对真实世界的印象建立逻辑思维。所以美国人重在开发孩子的学习兴趣，认为学习是一辈子的事情，学习是一件很快乐的事情。如我们参访的爱文世界学校及哥伦比亚大学教育学院附属幼儿园，就很重视孩子兴趣的培养，注重环境教育人，孩子在教师创设的宽松和谐的氛围中快乐学习，真是"桃李不言，下自成蹊"啊！

三、美国倡导的"生活即教育"的理念值得我们深思

美国教育看重过程，而中国教育看重结果。美国课程对学生步步紧逼，但实则是在给学生很多机会提高；而中国学生从小学到高中这 12 年都是在为高考努力——这是他们唯一能证明自己的机会。这个差异深刻体现出两个国家的人在思维方式上的不同。美国学校要求学生学习时一步一个脚印，理解所学的知识，慢慢钻研；而中国则追求速度，认为学生学习最主要的目的是快速掌握考试提纲内的知识点，甚至不需要理解，只需要背诵解题方法即可。我们曾在纽约的东区中学（East Side Middle School）访学。这所中学也是纽约州比较好的一个中学，我们听了一节数学课。数学课堂上，教师让学生比较列式异同，是关于拿回本金和拿回利率、本金的两个算式，教师要学生说明每一种情境的运作比较和运作问题。在这一点上，我国的课堂总是停留在列式和计算的

层面，很少有教师会结合生活、社会的层面让学生进行联想和思考。作为教师，我们一定要撬动学生的生活、学习体验，多联系实际，让学科知识"活"起来，让学生感受到学习与生活息息相关，生活中处处有数学，学习源于生活且用于生活，这样，学生对学习能不感兴趣吗？

四、美国严格的制度管理和日常渗透性教育值得推荐

走进美国学校的第一天，我们就看到了美国学生良好的行为习惯。

2019 年 1 月 12 日，是我们非常期待的日子，因为这一天我们将到雷曼学院附属美国研究高中参访，参与教师上课，去亲眼看一看传说中美国学校浅显的教学内容和自由、混乱的课堂秩序。不知道教师在课堂上采用怎样的方式来管教这些顽劣的孩子，让他们学会知识进而提高能力。带着好奇与疑问，我们早早来到了学校。

教室里桌椅随意地摆放着，学生歪着、趴着、跷着腿，以各种各样自己舒适的姿势坐在座位上，但他们都在认真地听老师讲课，很少有人走神。分组活动或自由练习的时候，他们可以跪在椅子上，或趴在地上，但他们都在做，没有学生趁机偷懒或玩耍，而是努力认真地完成老师布置的任务。

课间：美国学校学生实行走班制，学生每节课在不同的教室间奔波，而且课间只有四分钟，而教师则是在固定的教室上课。下课后，学生快速地到走廊自己的柜子里拿取下节课需要的书本，再到另一间教室上课。虽然时间紧迫，但学生动作迅速、秩序井然，没有推搡打闹、大声喧哗。上课铃响后，走廊里一个人也没有，地面上一片纸也没有。

美国是个法治国家，法律渗透到社会生活的每一个角落，也植根于美国人的思想意识之中。学校实行的也是制度化管理，每个方面都有制度加以规范。学生良好的行为习惯很大程度上来源于严格的制度管理。

五、完善的师资培养体制值得我们学习

我们最后参访的是一所美国高职中学，学校非常重视教师团队的培训，他们的教师都是具有实际工作经验的，并且该校的教师发展到一个阶段，都会

送到本国其他地区甚至外国（如中国、日本等）深造，以增长其实践经验，并且将此作为一种制度。从教师的角度来说，他们非常乐意到国外去实习锻炼，因为这样可以增长实践经验，对教学具有非常大的帮助，使教学和实践相互补充。还有一些情况，例如，转岗教师、专业不景气的教师由学校出资送到企业进行强化培训，甚至年龄很大的教师也要进行培训。他们的观点是只要培训后可为学校做出贡献，那就值得。这充分体现了该校对师资培养的重视。

六、美国教师高度的职业精神让我们敬佩

我们参访的十多所学校，从教室的布置、研究问题的设计、合作过程中的参与和指导、学生展示时的精彩点评等，无不看出美国教师在课前精心备课，做好了充分的知识储备。没有人检查他们的教案，这一切都是他们的自觉行为。我们曾问美国学校校长，有没有要求教师写论文和做课题。校长坦然地说："学校没有任何要求，备课和继续教育是教师们自发的，是他们自己的职责和责任，他必须这么做，每一位教师也都必须这么做。"朴实的话语体现了教师作为教育工作者应具有的敬业精神和职业素养，因为他们每天在思考、在改变、在创造，所以他们激情永驻。

七、美国项目式的教学方式值得推广

美国的教学方式也给了我们许多启示。

我们听了一节生物课，课始，教师简单地介绍了这节课的学习内容和学习重点，提出了明确的学习目标和要求，然后让学生分组完成学习任务。教师要求每个小组从政治、经济、科技、艺术、体育、时尚等方面选择其一，上网查找 20 世纪经济大萧条前后有关这一方面的具体情况，归纳出发生的变化，并研究变化的原因，最后写出研究性报告。

学生四人一个小组，利用教室里提供的笔记本电脑上网查找相关内容，边查找边记录重要的信息；然后交流查阅的内容，共同分析本组所选角度的变化及其原因，一人负责记录，一人负责继续查阅材料以补充观点或验证没有把握的分析。讨论结束时，研究报告也就差不多写出来了，四个人再共同推敲，

以完善报告内容。期间教师巡回指导，并参与到学生的活动中，也有小组有问题需要教师帮助。最后是全班展示，学生用流畅的语言大方地宣读着自己小组的研究报告，用具体的事例和充分的材料加以佐证，其他组员补充完善。

他们的研究报告观点鲜明，论证充分，材料翔实，条分缕析，很难相信在这么短的时间内，四个孩子合作能把任务完成得这么好。学生有这么强的搜集、筛选、分析、整理、归纳信息的能力，非一日之功。

八、美国的成长型思维培养值得我们借鉴

在参访美国学校的期间，还值得我们关注的是学校倡导的"成长型思维"。"成长型思维"就是美国教育很典型的研究成果，被公认为近几十年里最有影响力的心理学研究之一。此理论的提出者是斯坦福大学的卡罗尔·德韦克教授，他发现思维模式对我们想要什么以及能否成功达到目标至关重要。与固定型思维不同的是，成长型思维有助于培养孩子面对困难和挑战困难的积极态度，还通过激发更活跃的大脑活动，提高孩子的智商。

我们观看了纪录片《森林学校》。森林学校设在深山老林里，非常漂亮。有运动场，有孩子们喜欢的游乐设施，还有小树林。给孩子提供了一个探索自然、探索世界的天然的教室。在这里，孩子们每天都会在教师的带领下开展实践活动。这些活动激发了孩子们的探索本能，在亲近自然、观察自然中，在快乐学习中，发展成长过程中需要的各种技能。因此，美国几乎每所学校都用各种方式在日常教学中融入这一思想，大多数学校都不约而同地在最显眼的地方张贴着这样关于成长型思维的海报，以及在日常教学中培养学生的成长型思维。就像程贺南博士所说："教育的目的不是做最好的工作，而是做雪中送炭的工作，看到孩子点滴的进步，怎能不使我们感到欣慰。"

九、美国"以学生为本位"的教学思想给予我们启示

美国基础教育改革重视对学生能力的培养，把以学生为本位作为宗旨，始终强调中小学学科教育的基本任务是向学生介绍学习各学科知识的方法，以便于学生获得知识并提高理解能力。美国的"2061计划"特别强调学校要注

重因材施教，培养学生的创造性，鼓励学生思考问题而不是告诉其现成答案。教师采用多种教学方法，帮助学生发展思维和想象能力并解决实际问题。要达到这一点，必须切实做到以学生为本。在 Madison Middle School，我们观摩了一节信息课。这节信息课的定位不是懂得如何操作电脑，而是利用电脑进行"项目学习"，比如关于网络暴力等。我们还观摩了一节世界地理课，教师以表格的形式呈现美国、墨西哥、加拿大的人口、国内生产总值（GDP）、人类发展指数（HDI）等各个维度，进行比较学习。笔者注意到学生人手一本杂志，似乎是在补充与这些地方有关的时政内容。校长说，这些杂志是学校统一为学生订购以供教学使用的，以后电子文章会成为主流。本节课的主角始终是学生，学生在查找、分析、思考、表达的过程中，懂得应该用什么样的方法去学习，应该树立怎样的学习观，这才是教学中最重要的内容。

我们在美国观摩的几节课，都可以看到美国教师很注重设计一个教学活动情境，学生在这个教学情境中完成一定的任务。教师根据学生在活动中完成任务的情况，发现学生存在的问题，确定学生的学习需要。即学生在开展某一活动中遇到的问题决定他们学什么。这是由学生内在的、逻辑上的中心决定的。因此，一方面，在美国的课堂里，教师、学生的问题意识非常强烈；另一方面，美国的课程是模块化的，一门课程可能就是几个主题，主题之间没有必然的逻辑关系，但是每个主题都有总的学习任务，要完成什么活动、形成什么能力等。

"以学生为本"首先想到的是学生的兴趣与爱好，真正做到"为每一个孩子负责"，这不禁令我们产生诸多的感慨与触动。美国课堂"以学生为本"的教学思想，注重学生对知识的发现、探索，重视学习过程等一系列合理性的因素，确实给予我们很好的启发。当然，反观我国现今的教育改革，"以生为本，培养学生的核心素养"其实与美国倡导的"以学生为本"是异曲同工的。

赴美学习，让我们更懂得"教育"的真谛：教育，并不是要把所有人教导成一模一样的社会精英，而是要尊重学生的多样性和每一个独立的个体，鼓励每个学生成为最独特的那颗星。

图 5　广东省名师工作室主持人在美国 Bloomingdate Elementary School 合影留念

图 6　广东省名师工作室主持人在美国哥伦比亚大学开展结业典礼

◎ 第二章　语文思维能力的培养 ◎

思维是人脑对客观现实概括的反映，思维能力就是通过分析、综合、概括、抽象、比较、具体化和系统化等一系列过程，对感性材料进行加工并将其转化为理性认识，进而解决问题的能力。分析能力、理解能力、比较能力、概括能力、综合能力等都属于思维能力的范畴。随着对语文教学研究的深入，越来越多的教师注意到了培养学生思维能力的重要性。

第一节　理论依据

语文学习是离不开思维的。通常，我们可以将思维分为抽象思维和形象思维。在语文学习中，归纳文章中心思想、段意及分析写作特点等需要抽象思维；在小说、散文学习中，想象人物形象、情节、环境等则需要形象思维。

从学生对知识完整的学习过程来看，我们可以将思维分为接受性思维、批判性思维和创造性思维。在接受知识的过程中，学生凭借基础性思维，比如观察力、记忆力等对知识进行记忆和储存，如小学生学习、记忆生字词。有了一定的知识积累以后，学生要运用概括分析能力、辨别能力、辩证能力等评价知识，比如提炼文章的中心思想、分析人物形象等。最后，学生利用已经积累的知识通过想象力，发挥、创造出新的知识，如造句、写作文等。生成知识是创造性思维的结果，生成知识的过程也是创造性思维运作的过程。创造性思维是指以感知、记忆、思考、联想、理解等能力为基础，以综合性、探索性和求新性为特征的高级思维活动。

总的来说，语文学习与思维能力的关系非常密切，如果一个学生在课堂上不能灵活地运用各项思维能力学习知识、思考问题、探究创新，那么他的听说读写也不可能是高水平的。

语文学科对培养学生的思维能力有重要的影响。《全日制义务教育语文课程标准（实验稿）》（以下简称《语文课程标准》）多次提到对思维能力的培养。"课程的基本理念"中第一条就明确提出："九年义务教育阶段的语文课程，必须面向全体学生，使学生获得基本的语文素养。语文课程应培育学生热爱祖国语文的思想感情，指导学生正确地理解和运用祖国语文，丰富语言的积累，培养语感，发展思维，使他们具有适应实际需要的识字写字能力、阅读能力、写作能力、口语交际能力。语文课程还应重视提高学生的品德修养和审美情趣，使他们逐步形成良好的个性和健全的人格，促进德、智、体、美的和谐发展。"语文的核心素养主要包括语言的建构和运用、思维的发展和提升、审美的鉴赏和创造以及文化的理解和传承四个方面。使学生获得语文素养，就意味着学生在语文学习过程中，要通过语言运用，获得直觉思维、形象思维、逻辑思维和创造思维能力的发展，以及思维的深刻性、敏捷性、灵活性、批判性和独创性等思维品质的提升。

"课程的基本理念"中还提道："语文课程还应考虑汉语言文字的特点对识字写字、阅读、写作、口语交际和学生思维发展等方面的影响，在教学中尤其要重视培养良好的语感和整体把握的能力。""总目标"中提出："在发展语言能力的同时，发展思维能力，激发想象力和创造潜能。逐步养成实事求是、崇尚真知的科学态度，初步掌握科学的思想方法。"另外，总目标中所要求学生应该具备的，诸如阅读、理解、口语交际、表达、倾听以及搜集和处理信息等能力，也都渗透着语文思维的应用与培养。"主动进行探究性学习"这一点从学生学习的态度和方法角度设立了思维发展的目标。由上可见，《语文课程标准》中无论是课程理念还是目标，都渗透着对学生语文思维能力的培养。语文学科本身的特点，就决定语文教育能发展学生的思维能力。

第二节　具体体现

语文思维能力实质上就是指在学习语文和应用语文的过程中形成的思维能力。语文思维能力在语文学习过程中处处都有体现，以教学设计的过程为例，课堂导入、初读课文、再读感知、课堂巩固、板书设计、课后复习拓展等教学环节都渗透着对学生语文思维能力的培养。

比如统编版小学语文二年级上册课文《狐假虎威》的教学设计。

一、复习导入，体会"虎之威"

（一）复习巩固

通过"狐狸过河""生字开门"两个小游戏复习第一课时生字。

（1）导语：同学们，今天老师带大家去大森林里看一看，好吗？

（2）狐狸过河：有一只小狐狸也想和我们一起去，但是一条小河挡住了它的路，正确读出河面上的词语，就能帮助小狐狸过河。（生认读词语）

（3）生字开门：小狐狸终于来到了森林的入口，可是，两个生字宝宝又把它拦住了。谁能正确、工整地写出这两个生字，森林大门就能开启啦！（引导学生复习第一课时的生字，展示评价）

（二）图片导入

（1）过渡：小狐狸终于来到了森林。你看！发生了什么？（出示图片）引导学生观察图片，并说一说。

（2）导入课文：课文中哪段话描述了这幅图，请找一找。

（3）用三角符号标出老虎的动作。读一读，体会老虎的凶猛。

二、读中品味，感受"狐之狡"

（一）过渡

老虎真可怕，如果你是狐狸，这时，你会想什么？

（二）画一画

课文中的小狐狸想了什么办法呢？自由读课文 2~6 自然段，把狐狸说的话用"＿＿＿"画出来。（生汇报）

（三）出示狐狸第一次说的话

（1）请学生带表情动作试读。

（2）在读中、评价中体会"扯着嗓子"。

（3）对比"你敢吃我""你不敢吃我""你别吃我"这三句话，体会狐狸的狡猾与虚张声势。

（4）以多种方式朗读课文。

（四）出示狐狸第二次说的话

（1）过渡：狐狸还说了什么？（指名答）

（2）小组讨论：你相信狐狸的话吗？为什么？（小组代表汇报）

（3）指导朗读：指导学生读好重音与感叹句。

（五）出示狐狸第三次说的话

（1）过渡：狡猾的狐狸想通过大话骗老虎，接下来，它还说了什么？

（2）对比朗读体会"跟"与"带"。

三、趣味表演，理解寓意

（一）狐狸和老虎的表现

过渡：我们一起来看看狐狸的威风吧！（出示视频）要求：仔细观看，老虎和狐狸的神态和动作是怎么样的？

找一找，课文里是怎么描写狐狸和老虎的。（神气活现、大摇大摆、摇头摆尾、半信半疑、东张西望）

通过演一演理解"神气活现""大摇大摆""摇头摆尾"。

拓展"半信半疑""东张西望"这两个成语的概念，积累包含近义词或反义词的四字词语。

（二）百兽的表现

（1）请学生思考森林里的小动物见到这样的狐狸和老虎有什么反应？

（2）引导学生理解"纳闷""撒腿就跑"。

（三）演一演

（1）出示课文第6、7自然段。师：同学们，一起读读课文，想象一下森林里的情景。

（2）小组合作，上台演一演。

（3）小采访：小动物，你为什么逃跑，害怕什么？——老虎。老虎，你知道小动物们都害怕你吗？——不知道。原来，你已经完全被骗了。

（四）理解寓意

（1）回到课文中找一找，把老虎一步步上当受骗的表现画出来。（生汇报）

（2）理解"狐假虎威"的意思：现在，同学们知道狐狸是怎么吓怕百兽，骗过老虎了吗？（生自由答）

（3）课文中有一句话也回答了这个问题，请找出来。

（4）理解寓意：生活中，也有一些人像狐狸一样，仗着别人的势力去欺负人，这种行为也叫作"狐假虎威"。

（五）拓展延伸

（1）出示事例，引导学生辨一辨，哪些行为是对的，哪些行为是错的，我们要向谁学习，加深学生对寓意的理解。

（2）续编故事。如果有一天，狐狸和老虎又在森林里遇见了……

（3）课后阅读其他有趣的寓言故事。

四、作业布置

读一读其他有趣的寓言故事；将"狐假虎威"的故事讲给爸爸妈妈听。

五、课后小结

本课的设计在导入环节复习第一课时内容后，教师通过一张凶猛的老虎图片导入，引导学生观察：你看到了什么？学生接到学习任务，在观察图片的过程中就要发挥自身的观察能力、分析能力，利用抽象思维感知老虎的形象特点。观察后，教师还要求学生找出课文中哪段话描述了这幅图，用三角符号标出老虎的动作。学生要回到课文中，分析辨别出符合要求的词语。先观察图片，再回到课文，两个步骤激发学生的各项思维能力，让他们自然而然地体会到了老虎的凶猛，达成了这个环节的教学目标。在导入后，学生进入初读课文环节。在这个环节中"画一画狐狸说的话""对比'你敢吃我''你不敢吃我''你别吃我'这三句话""小组讨论：你相信狐狸的大话吗？为什么？"几个步骤都体现着对学生思维能力的培养。在课文学习的过程中，看视频，分角色扮演老虎、狐狸和百兽，小采访等环节，引导学生主动地去观察、分析、概括、理解、表达，这些均属于语文思维能力的运用与体现。《狐假虎威》是一个经典的寓言故事，学生不仅要理解"狐假虎威"这个成语的意思，更要明白它蕴含的道理。因此在拓展延伸环节中，教师设计了"辨一辨"小游戏，出示几个与狐假虎威有关的事例，让学生辨别哪些行为是对的，哪些行为是错的，在学生思维的碰撞中，加深了学生对故事寓意的理解。

由以上课例我们可以看出，语文学习过程与思维的基本过程是相互照应、同步发展的，体现在每一个教学环节的设计之中。语文思维能力的提升有利于学生更好地进行语文学习和语文运用，促进他们语文能力和语文核心素养的形成与发展。

第三节　发展现状

在实际的教学中，教师对学生的思维能力的培养还存在一些问题，主要表现在以下两方面：一是缺少对语文思维能力有意识地培养。很多教师在制定课时教学目标时，一般只按照传统方法满堂灌，重知识传授，轻能力培养，只考虑学生要接受哪些知识，至于这些知识应当发展学生的哪些思维能力，教师并没有准确清晰的认识，培养思维能力在不少教师那里只是一个缺乏具体内涵的概念。二是教师对如何达成思维能力培养目标缺乏有效的教学策略。一方面，许多教师对语文思维能力缺乏正确全面的认识；另一方面，是教师设计的教学活动、选择的教学方法、对学生的评价不能有效地促进学生思维能力的发展。

附：《真理诞生于一百个问号之后》教学设计

课题《真理诞生于一百个问号之后》

课型 第五单元

精读课文 第2课时

教学分析

本课是义务教育教科书人教版六年级下册语文第五单元的一篇精读课文，也是一篇议论文，是由当代作家叶永烈创作的。这篇文章主要是用多个事例论证并告诫人们只有不断地探索与发现，才能获得真理，要敏锐地发现问题，坚持不懈地思考，深入地解决问题。全文条理清晰，通俗易懂，字里行间闪烁着知性之美、智慧之美，对培养学生的表达能力和思维能力具有很好的启发。

学情分析

小学六年级的学生有了一定的自学能力，能够运用各种不同的形式读懂课文，且往往有自己独到的见解，并愿意自由表达独特的感受。本节课将淡化文体知识的教学，把科学精神的培养及学习方法的指导定为学习的重点。

学习目标

（1）能联系上下文理解含义深刻的词语和句子。体会文本语言及标点符号的特点。

（2）组织学生研究三个具体事例，引导学生自读自悟，体会文中所表达的科学精神，培养学生总结归纳的能力。

（3）结合生活实际，培养学生善于观察、善于发问、不断探索、锲而不舍的科学精神。

（4）教育学生懂得"只要善于观察，不断发问、锲而不舍地追根求源，就能在现实生活中发现真理"的科学规律，增强自己发现真理的信心和勇气。

（5）能仿照课文的写法写一段话，用具体事实说明一个观点。

教学过程

一、微课激趣，导入新课

◉ **教师活动**

（1）请学生观看微视频。

（2）质疑：看了这个微视频，你有什么想问的？

（3）师：发明千千万，起点是一问。

（4）想知道答案吗？答案就在课题里。生读题。

（5）课文一开始就亮出了主要观点，作者在提出这个观点之后是怎么解释这个观点的含义的？请继续阅读文章第二自然段，并把解释的话用波浪线画出来。

过渡：你们这么想、这么问就迈出了发现真理的第一步！

◉ **学生活动**

（1）学生感受航天事业的伟大。萌发祖国自豪感、认同感。

（2）学生质疑，提问题。

（3）学生画一画，画出相关联的语句。

【设计意图】

（1）本环节通过航天运载火箭升空激发学生的学习兴趣。

（2）通过学生质疑更好地以学定教。

（3）此环节通过圈、点、画培养学生良好的学习习惯。

二、细读课文，交流感悟

◉ **教师活动**

（1）课件出示：善于从细微的、司空见惯的现象中发现问题，不断发问，不断解决疑问，追根求源，最后把"？"拉直变成"！"，找到真理。

（2）师：追问，问号到感叹号之间就这么短的距离吗？

（3）师：两句话你更喜欢哪一句？（生动形象、通俗易懂，让人耳目一新）再来读一读这句话。

（4）师小结：最后把"？"拉直成了"！"，找到了真理。

（5）师：这里的"？"是发现的问题，是不断的追问；"！"是通过探索，解决了疑问，发现了真理。这个句子把一个抽象的道理，用直观形象的方法进行表述，给人留下了深刻的印象。

（6）这里的"？""！"各指的是什么？作者这样表达有什么好处？

"？"的含义是：发现的问题，不断地追问。"！"的含义是：通过探索，解决了疑问，发现了真理。

师：小小的问号，小小的叹号，都有这么深刻的含义，我觉得它们不仅仅是一个标点符号，不仅仅是指问题和真理，而是散发着温度，洋溢着情感，那么透过问号，你还看到了什么？透过叹号，你又看到了什么呢？

师：你们想一想，当谢皮罗、波义耳、奥地利医生等科学家们发现了问题，经过不断探索找到了真理之后，他们的心情是怎样的呢？（惊喜、兴奋、激动、骄傲、自豪、叹号）是啊，只有叹号才能表达他们经过长期的、艰难的探索发现真理后的强烈的成就感和无比激动的心情。

（7）由问号变成感叹号，这两个看似简单的符号变换，却被我们的作者叶永烈用来向我们形象地阐述了一个观点，那就是"真理诞生于一百个问号之后"。

（8）"真理诞生于一百个问号之后"是本文的主要观点。（出示课件7—9）认真读课文，边读边想作者是用哪些事例来具体说明自己的观点的。

生：课文具体写了三件事：第一件写的是英国的化学家波义耳偶然发现紫罗兰溅到盐酸会变红色，最后发明了石蕊试纸；第二件写气象学家魏格纳从蚯蚓的分布推论出地球上大陆和海洋的形成；第三件写的是俄裔美国睡眠研究专家阿瑟林斯基从儿子睡觉时眼珠会转动这一现象中发现了眼珠转动和做梦的关系。

◉ 学生活动

（1）反馈、齐读，学生质疑：这里的"？"指的是什么？（一个个疑问）"！"呢？（最终发现的真理）把"？"拉直变成"！"。

（2）学生思考、比较两句话在表达上的异同。

（3）领悟"？""！"所蕴含的情感。（问号：科学家们敏锐的观察力，坚持不懈的探究精神）

（4）学生合作学习讨论、汇报交流：

"？"的含义是：发现的问题，不断地追问。

"！"含义是：通过探索，解决了疑问，发现了真理。

【设计意图】

（1）此环节培养了学生语言理解能力，为提高学生的核心素养创造了条件。

（2）抓住"标点"的借喻用法，引导学生理解这种用法的好处，通过换符号培养学生深入思考问题的习惯，更进一步理解文章课题的含义。

（3）此环节意在让学生初读课文，整体感知课文中的三个具体事例，用自己的话简单说一说，进一步感知议论文中的事例叙述是为论证观点服务的。

三、精读课文，寻找规律

◉ **教师活动**

1. 细读事例，了解事例是怎样印证观点的。

探究活动学习单

小组合作，根据表格的要求，画一画，填一填，填写有关的词句。

事例	人物	发现现象	提出问题（？）	不断探索	找到真理（！）
第一个事例	化学家波义耳				
第二个事例	气象学家魏格纳				
第三个事例	美国阿瑟林斯基				

2. 小组合作，再读课文 3~5 自然段，根据表格的要求，在书中画一画表格中该填写的词句。

（1）学生汇报。

（2）看图了解第二个事例的"吻合"。

（3）师：请同学们看一看表格，你发现这三个事例有什么相同点和不同点？

3. 请在三个事例中找一找波义耳、魏格纳、阿瑟林斯基不断探索的句子。

学生齐读，从带点的词语中你体会到了什么？（科学家的发明与创造得益于他们对真理的不懈追求）

这三个事例中提到的科学家发现或者发明的过程是相同的，都是先偶然发现问题，不断地追问；再进行反复的研究和实验；最后解决了问题，得出了结论。

师：这三个事例中的事情都是最平常的小事，这种最平常的小事，用我们书上的一个词语来形容，就是（生：司空见惯）。

师：正因为他们善于（引导读）从细小的、司空见惯的现象中看出问题……找到了真理。

师小结：这三个故事告诉我们只有善于从细小的司空见惯的现象中发现问题，追根求源，才能解决问题，发现真理。因为"真理诞生于一百个问号之后"。

◉ **学生活动**

（1）学生阅读原文，发表感想。

（2）学生合作交流填写学习单，巩固知识。

（3）阅读文本。

（4）小组合作交流讨论。

（5）小组汇报。

【设计意图】

（1）此环节是对课文深入地探究、总结，是对学生思维能力的有效培养。抓住文中的关键词语，感悟人物的精神品质及作者用词的准确性。新课标中新增了"非连续性阅读"的要求，而本环节学生结合图表中的内容，总结三个事例的共同点、不同点既是对学生概括能力的培养，同时也锻炼了学生非连续性阅读的能力。

（2）抓住发现事物的顺序来理解课文，学习作者表达自己观点的方法：发现问题—不断发问—不断解疑—找到真理。

四、拓展延伸，感悟精神

◉ **教师活动**

（1）拓展延伸

魏格纳，在1912年提出"大陆漂移学说"之后，继续发问，巨大的大陆怎么漂移的？驱动大陆漂移的力量来自何方？为了解决疑问，他先后四次赴北极的格陵兰岛考察，并于第四次考察时不幸遇难。他的疑问在数十年后被科学界解开。后人为了纪念他，在柏林市中心树起一座纪念丰碑，他被称为"大陆漂移学说之父"。

师：我们来看一则资料，出示资料袋，阅读链接，结合生活经验谈自己获得的启示。

师：听了这个课外小故事，你想对魏格纳说什么？

（2）课文是用三个事例说明"真理诞生于一百个问号之后"，受到课文的启示，你能想出其他例子来说明本文的观点吗？

（3）学完这篇课文，你受到了怎样的启发？

（4）出示课文第6自然段：科学并不神秘，真理并不遥远。只要你见微知著，善于发问并不断探索，那么，当你解答了若干个问号之后，就能发现真理。

师：这段话你读懂了什么？

◉ **学生活动**

（1）学生谈感想，悟科学精神。

（2）学生在赞美魏格纳的过程中感悟科学精神。

（3）学生组内分享课前收集的小故事，并在全班交流。

（4）学生思考讨论，汇报自己的学习感悟。

【设计意图】

（1）让学生了解科学家发现真理的一般规律——"真理诞生于一百个问号之后"，从中感受、领悟不断探索的科学精神。

（2）此环节的目的是培养学生的思维能力，帮助学生掌握各种思维方法，在语文学习过程中根据学习需要，以及语言实践活动的需求整合运用材料，开展思维活动。

五、拓展延伸，小练笔

◉ **教师活动**

（1）下面我们来阅读《詹天佑》课外阅读篇章，说说你从中体会到了哪些科学精神。

（2）师：通过本课的学习，我们初步体会了如何用具体事例说明观点（出示语文要素）。现在我们进行一个小练笔。

> 　　仿照课文的写法，用具体事例（可以是名人的事例，也可以是周围人或自己真实的事例）说明一个观点，如"有志者事竟成""玩也能玩出名堂""失败乃成功之母""成才有路勤为径"……
> 观点：
> 事例一：
> 事例二：
> 事例三：

（3）拓展延伸：推荐阅读课外书籍《科学家故事100个》，书籍的主要内容是人类科学发展史上的100多位重要人物的故事，他们跟我们今天学习的三位科学家一样，具有见微知著的眼光以及锲而不舍的精神。

◉ **学生活动**

（1）学生组内分享如何传承长征精神。

（2）学生汇报交流小练笔的小片段，体会探索精神。

（3）学生联系自己的生活谈谈如何阐明一个观点，用事例具体说明，此环节的目的是让学生学方法、悟写法。

（4）课外拓展阅读能拓宽学生视野，让课本知识在课外得以延伸。

【设计意图】

（1）语文的外延是生活，通过文本与实际生活的联系让学生明白发现真理的易与难，树立正确的科学观，激发学生对发现真理的兴趣，增强发现真理的信心和勇气。

（2）课堂小练笔不但能培养学生的读写能力，还能提高小学生的语文素养。此环节在精彩处练笔，收到画龙点睛的效果。

（板书内容）

真理诞生于一百个问号之后。

？ ＿＿＿＿＿＿＿＿＿＿！

不断追问，不断探索。

第四节 培养策略

有效的教学策略是达成思维能力培养目标的保障。为了科学培养学生的形象思维和逻辑思维，提升其思维品质，训练其科学的思维方法，使学生养成良好的思维习惯，教师在日常教学中应当以训练学生的语文思维为目的，不断创新教学手段，激发学生的潜能，实现良好的语文教学效果。

一、多种方法识字，培养学生语文思维能力

我们常常提到语文思维能力对阅读、写作教学的重要性。其实，语文思维能力从低年级识字写字阶段就应该有意识地进行培养。低年级语文学习的重点是识字写字。《义务教育语文课程标准》第一学段的识字目标与内容中指出："让学生喜欢学习汉字，有主动识字的愿望，逐步形成识字能力，为自主识字、大量阅读打好基础。""掌握汉字的基本笔画和常用的偏旁部首，能按笔顺规则用硬笔写字，注意间架结构。初步感受汉字的形体美。""注重教给识字方法，力求识用结合。"在传统教学中，相当一部分教师认为识字、写字是一个简单的记忆过程，因此，在教授时经常采用重复机械认读、练写的方式，这样的课堂沉闷单调，学生兴趣不高，学习效果差。我们在教学中要善于对学生进行启发诱导，发挥学生的思维能力，把学和思结合起来，教给学生识字的各种方法。

就识字而言，汉字本身是音形义的结合体，汉字构成和使用方式一般分为象形、指事、会意、形声、转注、假借六种。低年级学生认字较为简单，一般是象形字、形声字、会意字。象形字、会意字的识记要充分发挥学生的想象力，教师可以从图片入手，先引导学生观察，再展示其大篆、小篆、隶书、楷书等形象，帮助学生追本溯源，了解字形与字义之间的联系。随着识字量的积累，学生就可以更好地认识大量的形声字。形声字中通常一个部件代表声音，一个部件代表意思，比如，提手旁的字大多与手部动作有关，米字旁的字大多与粮食有关，月字旁的字大多与身体有关，含有贝这个部件的字大多与钱

有关。教师可以启发学生联系多个有相同义旁的生字进行对比思考，归纳总结；反之，还可以通过对比相同声旁的字进行学习。比如统编版语文一年级下册《小青蛙》一课，作者用一首活泼可爱的儿歌，引导学生认识声旁为青的清、晴、睛、情、请5个生字，在教学中充分激发学生的观察、比较、综合能力。利用学生的语文思维能力，从会认字的类型入手设计识字教学，调动学生的思维，提炼识字的多种方法，不仅能让学生记得更快更牢，还能培养学生举一反三、归纳总结等能力，提升学生的思维品质。

统编版语文一年级下册课文《端午粽》中要求会认识的字有端、粽、节、总、米、间、分、豆、肉、带、知、据、念13个生字。这13个生字中，米、肉、豆都是象形字，由甲骨文演变而来；粽、据是形声字，可以用字理识字的方法识记。根据生字的形，我们还可以总结其他的识字方法，比如加一加、减一减、换一换、编口诀、猜字谜；还可以结合学生的生活经验来识字，比如豆、带可以看图识字，节字可以联系生活中熟知的传统节日来记忆。在识字教学中，教师可以有意识地培养学生的语文思维能力，发挥他们的想象力，使他们学会并运用多种方法识记生字。这样不仅能降低识字的难度，还能激发学生识字的兴趣，培养学生自主识字的能力，使其在其他生字的学习中举一反三。

就写字来说，教师在教学中不只要教会学生某个字怎样写好，更要教会学生写字的方法，比如"一看结构，二看占格，三看笔顺"的观察顺序，以及汉字的间架结构、笔顺规则，比如穿插避让、先撇后捺等。观察、分析基本架构、总结归纳同类字的笔顺规则等对学生而言都是思维能力的锻炼。

二、活用思维导图，培养学生语文思维能力

思维导图又叫心智导图，是培养发散性思维的有效图形思维工具，它简单却又很有效，是一种实用性的思维工具。思维导图运用图文并重的技巧，把各级主题的关系用相互隶属与相关的层级图表现出来，把主题关键词与图像、颜色等建立记忆链接，简单来说就是将思维形象化的方法。某种进入大脑的资料，不论是感觉、记忆或是想法，包括文字、数字、符码、香气、食物、

线条、颜色、意象、节奏、音符等，我们都可以将它作为一个思考中心，并由此向外发散出成千上万个关节点，每一个关节点代表与中心主题的一个联结，而每一个联结又可以成为另一个中心主题，再向外发散出成千上万个关节点，呈现出放射性立体结构。学会使用思维导图，有利于学生对其所思考的问题进行全方位和系统的描述与分析，激发学生对问题进行深刻的和富有创造性的思考，从而有利于找到解决问题的关键因素或关键环节。在日常教育教学中，越来越多的教师认识到思维导图的优点和作用，将其运用于识字、阅读、写作等教学的方方面面。统编版语文一年级上册《语文园地三》中就有一幅关于生字"车"的思维导图，将"车"字的组词分为了三类，方便学生从名词、动词或从车的种类、与车有关的设施、与车有关的动作等方面进行辨析。

实际上，思维导图在教育教学中的应用范围非常广，可以从多个方面帮助学生理清思路，高效学习，比如识字、阅读、写作、口语交际等。在识字教学中运用思维导图，可以直观地展示形近字、同音字，帮助学生比较辨析，如下图。

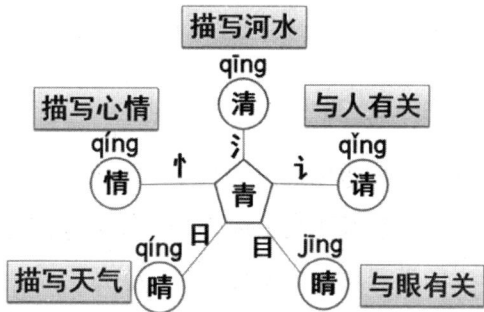

在阅读教学中，思维导图有利于学生对阅读内容构建清晰的脉络，概括课文的主要内容，提高语言理解能力。比如在统编版语文一年级下册课文《端午粽》中，作者从端午粽的角度出发，形象地介绍了粽子的样子、味道和种类，激发了学生对家人的思念、对中华传统节日的热爱。在课文第二自然段的学习中，学生要理清作者是按照由外到内的顺序介绍粽子。此时教师就可以借助思维导图，突破这个教学重点，如下图。

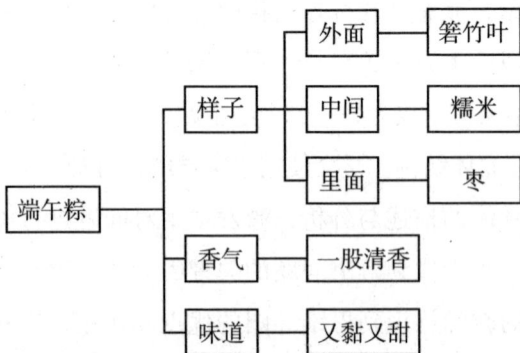

在写作中，思维导图可以帮助学生理清写作思路，突出重点结构。比如在教学统编版语文三年级第六单元习作"这儿真美"中，教师在指导学生构思时，就可以利用思维导图，让学生直观地明白"围绕一个关键句来写"是一个好方法。这样不仅帮助学生理清了写作的思路，更突出了教学的重点。学生在完成简单的思维导图后，写作时条理就能更加清晰，突出重点。

三、注重启发式提问，激发学生思维能力

课堂提问是指教师为了达到一定的教学目的，有计划地设计问题让学生作答。提问是教学过程中很重要的组成部分。课堂提问可以促进学生参与学习，使教师了解学生的学习情况，发展学生的思维能力。课堂提问应该从实际出发，根据教学内容与教学目的，把握重点和难点，精心设计问题、提出问题。

在传统课堂中，许多教师的提问是随意的、琐碎的、无意义的，比如，有的教师喜好集体问答："好不好？""好！""对不对？""对！""是不是？""是！"这样的一问一答，表面轰轰烈烈，实则效果甚差。好多同学条件反射，随声附和。更何况集体问答，打断他人思维，影响旁人思考。好的提问是一节课中的闪光点，能启迪学生的思维，激发他们探究的兴趣。教师在教学中要善于抓住大问题，让一个关键性的、引人深思的问题起到提纲挈领的作用。要想提出好的问题，需要教师认真钻研教材，结合具体的实际教学内容的特点和学生的特点，并站在一定高度从整堂课的教学计划出发，针对整堂课的教学内容有计划、有步骤、系统地安排设计。这样具有一定层次性和系统性的提问才能发展学生思维的广度和深度，才能从多方面培养并提高学生的语文思维能力。合理科学的提问，还离不开教师的恰当评价，多以正面的、积极的方式对学生的作答进行评价，尽量做到鼓励促进学生积极思考，启发引导学生对问题做全面深入的思考。换一个角度看问题。在初读环节，让学生根据初读的体验来提出问题，并在之后的课堂学习中尝试解决问题，这样也能锻炼他们的语文思维能力。比如在统编版语文一年级下册《端午粽》一课中，学生读了课文可能会提出问题：外婆包的粽子为什么还要分给邻居呢？人们为什么要吃粽子纪念屈原呢？学生自己提出问题更能激发真正的学习兴趣。

四、小结

语文思维渗透在语文素养的各个要素中。语文基础的形成需要语文思维积极发挥作用，语文能力的提高离不开语文思维的参与，如果没有语文思维的参与，语文基础便很难建立，语文能力更是无法形成。发展思维能力是全面提高学生语文素养的关键，"学习语文"与"发展思维"之间是相辅相成、彼此促进的。教师在日常教育教学工作中，要有意识地培养学生的思维能力，促进学生全面发展，终身发展。

第五节　创新思维

2018 版的《义务教育语文课程标准》的前言部分指出："现代社会要求公民具备良好的人文素养和科学素养，具备创新精神、合作意识和开放的视野，具备包括阅读理解与表达交流在内的多方面的基本能力，以及运用现代技术搜集和处理信息的能力。语文教育能够为培养和造就一代新人发挥重要作用。"

近年来，对学生创新思维的培养，预示着教育正逐步走向变革和更大的进步。而在素质教育大环境中被重点关注的小学课堂教育，也必定会被融入创新思维能力的开发。小学语文作为基础学科，在课堂中注重培养学生的创新思维能力也势在必行。因此，本节将对如何在小学语文课堂培养学生的创新思维能力进行重点论述。

一、充分把握课堂教学这一关键

教师应当注重丰富课堂内容，提升课堂质量，激发小学生在语文课堂中的兴趣，让学生有更多展示自己的机会。

首先，教师的讲课内容和授课方式应当一改传统的照本宣科的模式。教师要多在如何灵活地传授知识上下功夫，使课堂教学生动多样，给学生发挥想象力提供良好的空间。小学生具有活泼好动、思维活跃的年龄特征，一旦被积极引导，必定会激发无限潜能。因此，对小学生进行课堂教育，不应局限于简单的"认真听讲""积极回答老师提出的问题""主动完成作业""认真复习准备考试"这些老生常谈的思路，而应当组织学生在课堂这一环节更多地展现个人能力，与其他学生多交流互动，培养、引导他们积极协作、勇于创新的能力，让他们更多地参与到课堂教学当中来。所谓"教学相长"也正是体现在这一过程当中。如在《小英雄雨来》的课堂教学中，笔者就曾组织了课堂表演竞赛，首先将学生以4~5人为单位分成多个小组，然后进行自主讨论分工，结合原著适度创新，再上台进行表演，其他小组投票打分。这种课堂表演的教学方法可以让学生充分展现自己，同时可以让学生更为深入地理解教学内容，提升其创新思维能力。

其次，结合语文学科的特点，发挥语文课堂教学的最大优势。语文这一学科有着区别于其他学科的显著特点——更容易被学生理解，与学生的日常生活紧密相关，更容易激发学生的兴趣。作为教师，我们应当牢牢把握该门学科的天然优势，让学生在热爱语文的基础上去开发思维，让学生能够因为感兴趣而拓展其思维能力。正是基于此种优势，学生的创新思维能力在语文这一学科当中最容易凸显，更容易使学生获得肯定和成就感。如在《"诺曼底号"遇难记》这一课的教学过程中，笔者就为学生创设了想象情境。在讲到"一刹那间，男人、女人、小孩，所有的人都奔到甲板上，人们半裸着身子，奔跑着，尖叫着，哭泣着，惊恐万状，一片混乱"这个情节时，笔者问道："通过作者的描述，我们得知当时的情形极其混乱，思考一下，如果你当时也在现场，你会怎么做？""若是哈尔威船长也是慌乱逃命，后果会怎样？"通过提出这种问题，可以让学生在课堂上转换角色，进而发散思维。

再次，在课堂中要及时观察学生对课堂内容的反应及关注程度，运用丰富的教学经验，在不违背教学大纲的前提下，及时调整授课方式及授课内容。在实际的课堂教学过程当中，学生的反应可谓课堂教学质量的"晴雨表"。教师一旦发现学生对某一教学内容的关注程度下降，精神涣散，开始表现得懒惰，或者急于用惯性思维解决、回答教师提出的问题的时候，说明该堂课已经使学生产生了厌倦情绪，也就是说，创新思维的发展已经受到了阻碍。此种情况下就应当引起教师的足够重视了。教师应积极调整授课内容，用更鲜明的话语提起学生的兴趣。这是一个经验丰富的教师应当具备的基本素质，也是一堂具备创新思维培养要素的语文课成功的关键。

二、语文教师的教学水平是基础

要培养学生的创新思维能力，就要提升语文教师的教学水平，开阔教师的视野，使其成为培养小学生创新思维能力的有力推动者。

首先，提高学校对小学生创新思维能力培养的重视程度，并在此基础上注重提升教师在该方面的能力。学校不仅是教师从事教学工作的场所，更是教师教学能力提升的最重要的平台。作为教师发挥职业专长的根基，学校也要有意识地将工作重心向培养学生创新思维能力的方向倾斜。只有这样，才能让教育者看到学校培养学生创新思维能力的决心。同时，学校的这一举动也能够为教师培养学生的创新思维能力提供更好的物质条件，提升教师对该方面的重视程度。

其次，在拥有良好平台的基础上，教师也应当利用自身资源，自觉地拓宽教学思路，在培养学生创新思维能力上多下工夫，"打有准备之仗"。有了好的基础，教师和教师之间也要互相学习、共同进步。比如在一堂语文课结束后，教师们要自觉地进行交流互动，吸取同行的先进经验，在培养学生创新思维能力这个课题上做到互通有无。

再次，对在语文课堂上培养小学生创新思维能力有丰富经验、表现积极的教师实施奖励、激励机制，在该层面形成良性竞争，为该项课题的讨论研究提供良好的氛围。所谓的"优秀教师""先进个人"，在教育这个层面上，其评价标准不能只是学习成绩、考试分数。有了思维创新这个先进的理念，对教师的激励也应当充分考虑这方面的因素。只有这样，教师在语文课堂中对学生创新思维能力的培养才更有积极性，更有进取精神。

三、充分发挥家长和家庭的作用，齐心协力搞创新

培养学生的创新思维能力，还要重视学生周围环境及家庭的辅助作用，学校、家长共同发力，为在语文课堂充分培养小学生的思维创新能力提供有力的补充。

首先，家长要鼓励孩子在课堂上勇于发散思维，积极迎合教师的思维创新，这样才能做到事半功倍。有些家长认为，既然是课堂教育，只有学校和教师才能做到，或者只应当由学校和教师去做，这种观点无疑是错误的。家长是孩子的第一任老师，家长的言行举止和对孩子正确观念的灌输直接决定了学生在学校能否更好地接受信息。有了家长的循循善诱，教师在语文课堂中对于创新思维的灌输才更加顺畅，也不会让小学生产生"在学校一个标准、在家一个标准"的错觉。

其次，家长在课外也应当坚持为学生传递思维创新的理念。小学生独立性相对较弱，其依赖性相对中学生、大学生更强，他们的心理活动程度更难以把控。在学校一天的学习生活结束后，其接收到的先进理念更应当通过家庭教育这个渠道进行更好的巩固。正是基于此，课堂教育才不会显得突兀。

再次，教师应当将孩子在课堂上的情况与家长进行及时的沟通；而家长则应把孩子在家庭当中的情况及时地反馈给教师，其薄弱环节也应当及时与教师进行沟通。只有这样，才能使创新思维的培养更具有连续性，更容易成功。

　　总而言之，在小学语文课堂培养学生的创新思维能力是一项既有趣又复杂的课题。其成就不是一朝一夕能够获得的。但作为教育者和关心下一代的人们来说，他们更愿意相信，凭借大家的力量，一定可以做好这项对学生成长有利的工程。

◎ 第三章　语文阅读思维的形成 ◎

　　作为促进学生思维发展、认识世界、掌握信息的一种重要方式，阅读已成为新形势下教育发展的重要内容。任何一门学科的学习都要求学生能够无障碍阅读，而语文是其他学科的基础，因此，教师需要尽早对学生的阅读理解能力进行培养。就小学生来说，良好的阅读习惯可以方便小学生更好地认识外界事物，同时还可以帮助小学生在日常阅读积累的过程中掌握诸多语法和词汇，这对小学生语言表达能力以及思维能力的增强极为有利。随着新课改的不断深入，小学语文教育应重视培养学生的核心素养，确保学生的思想情感从小便能得到良好的熏陶。

第一节 引发互动，优化能力

《义务教育语文课程标准》明确指出，教师应给予学生帮助，使其具备较强的表达能力和语言交流能力。所以，小学语文教师在教学过程中，应有效结合阅读文本内容，对学生进行引导，让其积极展开语言互动，促进生生之间的沟通交流，使学生的语言表达能力得到优化。

以《两小儿辩日》一课为例，教师在教学本课时，可以先为学生翻译和解释课文内容，带领学生初步了解文章的主要脉络和主要内容；之后为学生布置"模拟呈现"的课堂任务，让学生自由分组，每组两个人，分角色扮演课文中的相关人物，要求和文章所描述的内容相结合，情景呈现两小儿的对话和交流过程。在此过程中，学生可以在将教师布置的任务顺利完成的基础上，深入探索文章内容，同时还可以相互展开有效的语言互动和沟通，加深对文章内容的理解，使语文核心素养中的语言表达能力得到增强。

附：部编版语文六年级上册第三单元课文
《宇宙生命之谜》教学设计

课题 宇宙生命之谜

课文内容分析

《宇宙生命之谜》是一篇科普说明文，主要介绍了科学家对"地球以外其他星球上是否也有生命存在"这个问题的研究和探索。文章既表现出了谨慎探索的科学精神，也有一些生动的描写，让学生学习科学家追求真知、不断探索的精神，激发学生爱科学、学科学、探索宇宙奥秘的兴趣。

课文共分四个部分，第一部分为第1~2自然段，引出"地球之外的太空中是否有生命存在"这个话题并从理论上提出猜测：地球绝不是有生命存在的唯一天体；第二部分为第3~4自然段，列出生命存在的四个必要条件，并根据这些条件，分析太阳系中除地球和火星之外的六大行星都不可能有生命存在；第三部分为第5~8自然段，主要讲科学家对火星的探索和研究，得出的结论是火星上是否有生命存在还有待进一步研究；第四部分为第9~10自然段，告诉我们太空有可能存在生命，但是还需要人类继续探索。

本文语言非常严谨、准确，逻辑性强。文章在表达上很有层次，把探索的重点放在了太阳系上，对太阳系以外的太空只作了简略介绍。在太阳系的八大行星之中，首先排除了水星、金星等六大行星上有生命存在，重点研究的是与地球十分相似的火星。这样的表达，有条不紊，层层深入，为读者准确把握主要信息提供了便利。

课文中有六处随文批注，呈现了一位同学带着目的阅读文章、解决困惑的思考过程。安排这六处批注，一是为了直观地向学生展示"有目的地阅读"是怎样一步一步进行的：首先浏览文章，过滤跟自己阅读目的没有关系的内容；然后针对有关系的部分展开仔细阅读，运用已经掌握的各种阅读方法，得出重要信息；最后对各种信息进行分析比较，并借助查找到的相关资料加以判断，去除不准确的信息，留下准确的信息，得出结论。二是向学生展示"有目的地阅读"的一些具体方法，帮助学生对"有目的地阅读"这一策略进行梳理。这既是对之前阅读策略单元的总结回顾和阅读方法的综合运用，也是对本单元"有目的地阅读"方法上的指导。

学情分析

小学六年级的学生，已经具备了一定的阅读能力，内心世界更为丰富，对宇宙之谜怀有极大的热情和兴趣，所以引导学生把握本课的主要内容比较容易。学生已经掌握了各种阅读方法，比如浏览课文、寻找中心句、圈画关键词、提取关键信息等，但对获取的信息进行甄别，相关资料进一步进行比较、判断的能力还有待提高。因此，要引导学生能围绕课文相关问题找到合适的阅读方法，提取有效信息，提高阅读效率。

教学目标

（1）通过对课文的学习，了解生命存在的条件和人类探索宇宙生命的过程。

（2）培养学生的自读能力、合作意识以及运用处理信息的能力，培养学生对科学的兴趣和科学探索的精神。

教学重点和难点

教学重点：能根据不同的阅读目的，选用恰当的阅读方法，了解课文围绕"地球之外是否有生命存在"这一问题讲了哪些科学知识。

教学难点：通过了解宇宙生命之谜，培养学生主动查阅相关资料，从小养成热爱科学、热爱地球、保护环境、探索未知的好奇心。

教学过程

一、创设情境，激趣导入

（出示天眼的图片）师：大家好！欢迎大家搭乘"科学号"列车到达中国天眼科学研究中心，我是本次研究活动的主持人，请大家看大屏幕，这是什么呀？（学生回答）对了！这就是我国自主研究的，世界上最大的射电望远镜。"天眼"射电望远镜预计本月将开启"地外文明的探索"，因此，我们成立了一个"地外生命"研究团队。下面我们一起来探索"宇宙生命之谜"吧！（板书课题）

1. 出示研究课题：宇宙中，除了地球，其他星球上还有没有生命存在？
2. 引导方法。

请各位"研究员们"默读课文寻找答案，画出相关语句。

3. 学生汇报，教师点拨

（1）预设：

学生1：可能存在，我在阅读中找到第二自然段中的一句话……（品句）

（2）对比：

首先让学生读：

可以猜测，地球绝不是有生命存在的唯一天体。

（"绝不是"，语气显得非常肯定，因为理由充足）

但是，人类至今尚未找到另外一颗存在生命的星球。

（"至今尚未找到"是因为人类认识能力有限、探索范围有限）

师：我们再次通过读一读来体会作者用词的严谨科学。

师：同学们有没有发现我们可以通过什么方法快速地找出答案？

（出示中心句）

4.学生总结

（1）师：经过以上的分析，下面请各位"研究员"汇报你的研究结果。

（2）总结：注意课文最后一句话，再次朗读这句话。

（3）学生汇报。

师：虽然如此，人们有没有放弃寻找地球外的生命？人们仍然相信遥远的太空存在着生命。

二、分组学习，自主探究

1.合作探究

科学家们仍然相信遥远的太空存在着生命，那我们的科学家们是怎样判断其他星球有没有生命的呢？让我们跟着他们的步伐，一起来探索。请同学们阅读第3、4自然段，并根据学习单的指引完成相应任务。

师：请同学们看黑板，明确学习单的要求。

（1）出示学习单。

读一读：自由默读3、4自然段。

圈一圈：圈出关键词句。

议一议：小组讨论科学家们是如何判断的？

说一说：科学家们判断的过程。

（2）预设：科学家们首先研究出生命存在的条件，再根据这些条件来对比判断其他星球有没有生命。

（追问：生命存在需要哪些条件呢？）

（3）学生总结出生命存在的条件。

板书：适宜的温度、必要的水分、适当成分的大气、足够的光和热。

（在学生回答的过程中提醒学生要用简洁的语言概括）

师：你的回答简洁明了，你用了圈画关键词的方式找到了生命存在的条件，你真会学习！（出示：圈画关键词）

（4）对比条件，判断有没有生命存在。

师：你能用更简短的语言来表达吗？

（学生汇报）

师：很好！你懂得将主要信息进行提取，这样回答问题将更精准。

（出示：提取关键信息）

（5）得出结论：太阳系中，除了地球和火星不可能存在生命。

过渡：下面我们通过一个小视频再来了解一下太阳系中八大行星的基本情况。

2.微课过渡，增添科学趣味性

3.分组自主讨论：人类是否有可能移居火星？

过渡：下面我们将举行一场趣味辩论赛，探讨人类有没有移居火星的可能。

师：刚刚我们已经提炼出了一些阅读方法，现在我们再次使用这些方法来阅读课文 5~8 自然段，辩论时可以结合你查找的资料。

（1）学生阅读课文，整理资料。

（2）自由辩论，采取计分制。

生 1：我认为人类有可能移居火星，因为从第 5 自然段的阅读中我看到火星和地球有很多相似之处。

（追问：有哪些相似之处？火星与地球的自转时间接近、火星的倾角与地球的倾角相似）

生 2：我认为人类不可能移居火星。我从第 7 自然段中发现火星很干燥、氧气含量极少、温度很低、没有磁场也没有臭氧层，生命难以生存。

生 3：我认为人类能否移居火星是一个谜，我从第 8 自然段中得知火星的表面土壤上没有生命，但是岩石层上呢？科学家们还在分析中，这需要我们进一步查找资料。

（3）总结：火星上是否有生命还有待探索，但是人类目前还不能移居火星。

三、课文拓展，展望火星

过渡：课文中说到1975年人类发射的火星探测器成功着陆，那么最近40

多年里，科学家们对火星的研究又有哪些新的进展呢？我们可以采用查找资料的方式，请同学们将搜集到的资料与大家分享分享。

（1）学生汇报搜集的资料。

（2）展示火星研究的最新资料。

四、拓展阅读

师：我们这节课学习了很多阅读方法，接下来我们来实践一下，运用所学方法，解决问题。

五、小结

在茫茫宇宙中，科学家相信我们绝不是孤独的存在，虽然根据生命存在的条件我们至今尚未找到地球外的生命，这是一个宇宙之谜，但是我们要相信终有一天我们将会解开这个谜。好了，本次探究活动圆满结束，感谢大家的积极参与！

板书设计

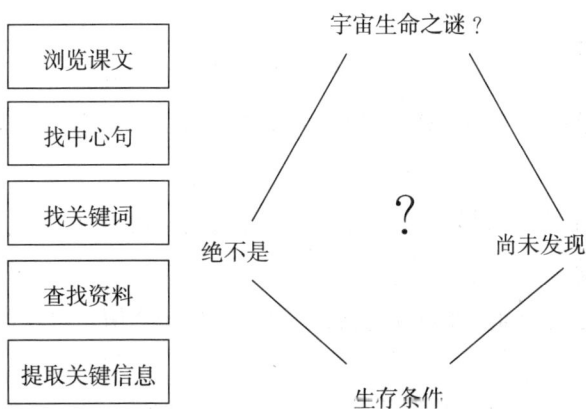

浏览课文
找中心句
找关键词
查找资料
提取关键信息

宇宙生命之谜？
绝不是
尚未发现
？
生存条件

作业布置

拓展阅读《火星——地球的"孪生兄弟"》

问题：利用本课所学的阅读方法，快速找出地球是火星的"孪生兄弟"的原因。

第二节　朗读训练，提升美感

小学语文教师在开展阅读教学时，应以实际教学内容为基础，逐渐加大学生的朗读训练力度，借助阅读体验，促进其审美和鉴赏能力增强，以此全面提高学生的综合能力以及核心素养。以《我是什么》一课为例，教师在教学本课时，为了帮助学生准确理解课文中使用的关键性词语，掌握文章运用的写作手法和修辞手法，教师可以加大学生的朗读训练力度，以此给予学生引导，让其体验语言的魅力，从而使学生的审美能力以及鉴赏能力得到增强。比如，教师可以为学生分好段落，引导学生自由朗读课文，同时借助对"水在五湖四海中的足迹"进行阅读，了解作者的描写手法。此外，教师还应为学生重点讲述文章中所提及的"在小溪里散步"等拟人手法，使学生借助朗读体验到语言的精彩和魅力，从而充分了解本文的语句、修辞手法和写作手法等，进而促进学生阅读素养以及综合能力的增强。

附:《父爱之舟》（第二课时）教学设计

教学目标

（1）朗读课文，从作者描写的场景中感受父亲的爱。

（2）通过课文中的细节描写和平白如话的语言，体会作者和父亲之间深厚的父子之情。

（3）联系生活，珍惜亲情，增进与父母之间的沟通。

重点难点

（1）重点:通过重点词句体会父亲深沉的爱子之情，以及作者对父亲的感激之情。

（2）难点:理解课文为什么以"父爱之舟"为题。

教学过程

一、情境导入——感知爱

1.上课前播放歌曲《月亮船》。

（1）师：这首歌好听吗？

（2）师：说说你有什么感受？

预设：我感受到了浓浓的母爱。

2.导语：这真是一艘载满了美好回忆，载满了母爱的船，今天我们搭载另一艘"父爱之舟"，继续来学习《父爱之舟》，感受如山的父爱。

板书：父爱之舟。（简笔画）

二、回忆梦境——寻找爱

1.回忆"我"的梦中出现了哪些场景？请用小标题概括。

师：上节课我们已经初步学习了这篇课文，了解到"我"在梦中回忆了几个场景，分别是……

2.学生汇报，将爱心卡片贴在简笔画"父爱之舟"上。

三、品读体味——感悟爱

1."我"的梦中的哪个场景让你印象最深？

2.品读"难忘庙会"

（1）自学提纲：

①自由读第4自然段。

②找出父亲爱"我"的句子，并画上"～～～"。

吃完粽子，父亲觉得我太委屈了，领我到小摊上吃了碗热豆腐脑，我叫他也吃，他就是不吃。

卖玩意儿的也不少，彩色的纸风车、布老虎、泥人、竹制的花蛇……虽然不可能花钱买玩意儿，但父亲很理解我那恋恋不舍的心思，回家后他用几片玻璃和彩色纸屑糊了一个万花筒，这便是我童年唯一的也是最珍贵的玩具了。万花筒里那千变万化的图案花样，是我接触的最早的抽象美吧。

③思考：这些描写中，父亲的哪些做法让"我"最感动？

盛大—偏僻。

凉粽子—热豆腐脑。

觉得。

理解。

板书：想象画面，联系生活，抓住细节。

④你的父亲做过什么事最让你感动？

（2）引导学生找出文中描写"我"爱父亲的句子。

我和父亲都饿了，我多馋啊！但是不敢，也不忍心叫父亲买。

①品读感悟。

②想一想，说一说：

我和父亲都饿了，我多馋啊！

当我想起_____我不敢叫父亲买。

当我想起_____我不忍叫父亲买。

③情景创设引读，体会作者的心情。

师：你能体会到"我"此时的心情如何？

3.品读"拼凑学费"

自学提纲：

①读一读课文第6自然段。

②画一画文中哪些句子让你感受到父亲的爱？哪些句子让你感受到作者对父亲的爱？

③想一想"新滋味"指的是什么？

④说一说心中的"新滋味"：

这种"新滋味"是第一次离开家寄宿的_____；是父母在钱紧的时候凑钱让"我"上学的_____；是父亲替"我"铺好床的_____；"我"意识到要_____。

总结：这"新滋味"指心酸的滋味，既被父爱感动，又为父亲的艰辛感到难过，同时还意识到肩上责任的沉重。

⑤让学生再次有感情地读。

4.总结学法：读—找—悟—谈

四、学法迁移——体会爱

1.小组合作互动学习

（1）导学案：

①分组学习"买枇杷吃""旅店之训""背我上学""渔船送考""缝补棉被"。

②找出父子之间相互关爱的场景，并用"～～～"画出最让你感动的细节。

③与同学交流自己的感受。

④全班汇报交流，教师点评。

2. 重点理解：我什么时候能够用自己手中的笔，把那只载着父爱的小船画出来就好了！

讨论：作者究竟能不能画出那只载满父爱的小船？为什么？

作者能画出那只载满父爱的小船，因为……

作者不能画出那只载着父爱的小船，因为……

五、解读课题——升华爱

文章为什么以"父爱之舟"为题？

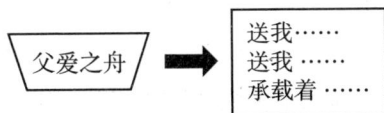

总结：这艘小船虽小，它送"我"报考，送"我"上学，承载着父亲的理解、无私的付出和期待，带"我"走过了一次次人生的驿站，以此为题既写出了父爱如山，也见证了"我"的成长。

六、超越文本——传播爱

1. 你想对你的爸爸妈妈说什么？

小练笔：改编《月亮船》。

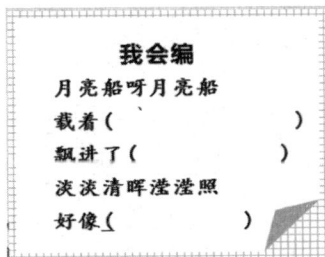

七、笔下生辉——延伸爱

父亲的爱可以如山般厚重，也可以如水般轻柔，想一想在与父母的相处中，还有哪些小事让你印象最深刻？把它写下来。

板书设计

父爱之舟

第三节　重视经典，拓展思维

　　语文教师在核心素养的指导下应该改变陈旧的教学模式，重视运用多种方式对学生开展高水准的知识讲解与学科素养培养。除了开展以上两个方面的教学工作，语文教师还应该指导小学生对文章情感态度进行分析与思考，鼓励学生传承优秀的传统文化。例如，在开展《精卫填海》课堂教学的过程中，教师应该指导小学生分析故事的主要内容是什么，思考这一传统故事所要表达的情感态度是什么。语文教师在小学生回答的基础上进行针对性的教学指导，使学生感受到精卫不怕困难与不屈不挠的精神品质。这样既可以提高小学生对课程内容的认知程度，也能加深学生对优秀传统文化的认知程度，更加符合阅读素养所提出的能力培养要求。

　　附：学生思维导图

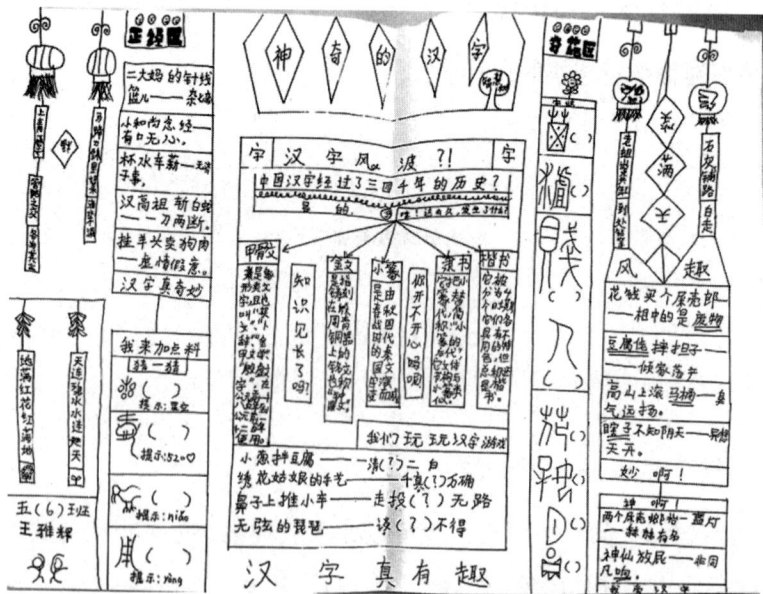

第四节　读写互助，提升素养

　　语文课程视域中的高阶思维训练必须坚守语文本位。语言是思维的物质外壳，高阶思维活动必然基于言语实践活动。语文教学中的思维活动在字、词、句、段、篇、群文以及整本书等不同层面的语言实践中展开。当学生通过交流讨论、分析综合，重构了自己的知识结构后，教师要引导学生将在文本中学到的方法运用到习作中，并及时对学生的习作进行师生共同评议，在运用中进一步培养学生的高阶思维。这就要进行"写"的训练，以"写"促"读"，以"读"助"写"。教师需要设计有趣的创意读写结合活动。"语言是思维的外壳，思维是语言的内核""要重视写作教学与阅读教学、口语交际教学之间的联系，善于将读与写，说与写有机结合、相互促进"。比如《神奇的探险之旅》是统编版语文五年级下册第六单元的一篇课文，这一单元的人文主题、语文要素、写作要求均指向思维训练。教师在教学时要紧紧抓住"思维的发展与提升"这一核心要素，在读写交互中整体推进，注重分析围绕每篇课文中的"人物"都是"怎么想的"这一思路展开。师生通过溯源人物的思维过程，将课文的语言表达、结构组织、内容呈现和主题深化有机地联系在一起。之后，教师引导学生去探究每篇课文的结构对于揭示主题有何作用，这样的语言表达（用词用句、修辞等）是如何与主题产生深层次的关联的。这样的统整设计与思维训练，有助于学生理解各教学内容之间的关系，从而解决思维能力培养碎片化、浅表化的问题，为后面的单元习作教学做好铺垫。

附：学生的习作思维导图

第五节　小组合作，交流学习

陶行知先生对于学校的集体生活相当重视，他认为学校集体生活对学生的性格形成有着很大的影响，引导好了对学生是莫大的助力。诚如他所言："凡不必按班级学习之功课都可采用集体探讨之方式。"小组学习模式有助于打破传统的教学模式。《义务教育语文课程标准》中就提到要把课堂交给学生，发挥学生的主导地位。对于语文教学而言，想象力的培养非常重要，而这则依赖于学生的独立思考能力。在课堂上以活动的形式进行，教师提出问题，学生分组讨论，既解放了学生的思想，也有利于学生表达。正如陶行知先生在《小学教师与民主运动》一文中提出："在现状下，尤须进行六大解放，把学习的基本自由还给学生：一、解放他的头脑，使他能想；二、解放他的双手，使他能干；三、解放他的眼睛，使他能看；四、解放他的嘴，使他能谈；五、解放他的空间，使他到大自然大社会里去取得更丰富的学问；六、解放他的时间，不把他的功课填满，不逼迫他去赶考，不和家长联系起来在功课上夹攻，要给他一些空闲时间消化所学，并且学一点他自己渴望要学的学问，干一点他自己高兴干的事情，还要把工友当作平等的人和他们平等合作。"

古诗词的教学最注重的是朗诵，正所谓"书读百遍，其义自现"。但是单一的朗读首先会让学生产生厌烦心理，其次抓不住朗读时的情感，这就可以通过小组讨论出一个研读这首诗词的方案，看看谁读得更好些，为什么？这样诗句的感情氛围就抓对了。同样，在学习文言文时，可以结合各自所长，如有人善朗读，有人善词句雕琢，那么文言文的含义就自然道来了。

附：《在柏林》教学设计

教学分析

《在柏林》这篇课文是统编版语文六年级上册第四单元中的一篇自读课文，课文短小精悍，但构思巧妙，没有描写宏大的战争场面，而是截取战争后方的个生活场景，通过刻画战争中平民百姓的悲剧形象，表现战争给人民造成的深重灾难，表达了作者对战争的厌恶和渴望和平的心愿。

本单元是小说单元，目的在于引导学生在读小说时，关注情节、环境，感受人物形象。

教学目标

（1）默读课文，关注情节和人物，了解小说表现战争主题的方法。

（2）感受小说结局构思的巧妙，体会作者对残酷战争的控诉。

教学重难点

重点：能够发现小说是通过老妇人一家的遭遇来表现战争残酷的，了解以小见大的表现手法。

难点：感受小说结局构思的巧妙，体会作者对残酷战争的控诉。

教学过程

一、创设情境，初感战争的残酷

1.看图片，学生交流。（利用多媒体平台播放图片）

师：看完视频想到哪些词语来表现战争的灾难性后果，请写到黑板上。

2.出示关于第一次世界大战的资料。

第一次世界大战（1914年7月—1918年11月）是帝国主义之间为了争夺世界霸权和瓜分世界而发动的一场非正义的战争，历时4年，30多个国家、15亿人口卷入战争，伤亡人员3000多万，给人类带来了空前的浩劫。

（1）你从这段文字读到了什么？

（2）过渡导入：在这样的背景下，我们今天走进美国作家奥莱尔创作的一篇小说，短短300多字，却打动了无数人。

二、初读课文，借助人物梳理内容

（1）学生齐读课题。

（2）学生默读课文，填写人物关系图。

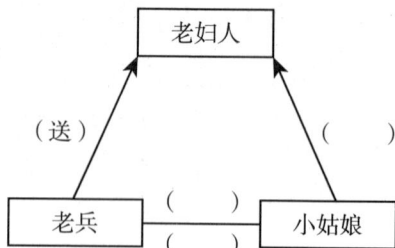

（3）学生根据人物关系概括小说的主要内容。

三、细读课文，理解作者描写的独特的"战争灾难"

1.过渡：短短300多个字，没有一丝腥风血雨，何以让你感受到了战争的残酷？

2.出示学习单。

读一读	结合故事背景，默读课文
画一画	文中哪些语句让你感受到了战争的残酷？
想一想	你从这些语句中感受到了什么？
说一说	把你的感受和同学们分享。

3.学生反馈交流。（让学生在PPT上画出相关的语句）

预设：

（1）聚焦车厢环境：一列火车……健壮的男子。

（2）聚焦老妇人。

（3）聚焦老兵，练习有感情地朗读老兵的话。

（4）从老兵的话中读到了什么？（愤怒、悲伤、无奈）

4.小结：这就是战争，老妇人一家只是战争中的一个缩影，战争使得无数人家破人亡，无数人付出了无辜的生命。小说没有正面描写战争，而是以小见大，让我们深深感受到了战争的残酷。

四、聚焦环境，感受战争的可怕

过渡：本单元是小说单元，我们要如何读小说呢？请大家看单元导语，读一读右下角的这两句话……我们刚刚找到故事发展的情节，现在我们来关注一下环境。

1.找一找：文中哪些地方描写到环境？

2.说一说：你从这些描写中读到了什么？

（1）一列火车 ……健壮的男子。

（2）车厢里一片寂静……

3.深入理解课文的最后一句话。

（1）车厢里是真的安静吗？

（2）这里的"静"与前面的"静"有什么区别？

（3）学生根据不同的角色想象写话。（用希沃助手展示学生写的话）

车厢里一片寂静，静得可怕。	
老兵心里想	
小姑娘心里想	
乘客们心里想	

（4）想一想：作者为什么不继续写下去了？

五、对比想象，感受小说的无限张力

1.过渡：当我们读到哪里的时候知道了事情的真相？（第3自然段）那位小姑娘呢？那我们能不能让读者提前知道事情的真相呢？

2.出示改编后的小说，与原版对比。

（1）说一说：你更喜欢哪个版本？为什么？

> 一列火车缓慢地驶出柏林，车厢里尽是妇女和孩子，几乎看不到一个健壮的男子。在一节车厢里，坐着一位头发灰白的战时后备役老兵，坐在他身旁的是个身体虚弱而多病的老妇人。显然她在独自沉思，旅客们听到她在数着："一、二、三……"声音盖过了车轮的"咔嚓咔嚓"声。停顿了一会儿，她又不时重复数起来。两个小姑娘看到这种奇特的举动，指手画脚，不假思索地笑起来。一个老头狠狠扫了她们一眼，随即车厢里平静了。
>
> "一、二、三……"神志不清的老妇人重复数着。两个小姑娘再次偷笑起来。这时，那位灰白头发的后备役老兵挺了挺身板，开口了。
>
> "小姐，"他说，"当我告诉你们这位可怜夫人就是我的妻子时，你们大概不会再笑了。我们刚刚失去了三个儿子，他们是在战争中死去的。现在轮到我自己上前线了。在我走之前，我总得把他们的母亲送进阿卡姆疯人院啊。"
>
> 车厢里一片寂静，静得可怕。

一列火车缓慢地驶出柏林，车厢里尽是妇女和孩子，几乎看不到一个健壮的男子。在一节车厢里，坐着一位头发灰白的战时后备役老兵，坐在他身旁的是个身体虚弱而多病的老妇人。她刚刚失去了三个儿子，他们是在战争中死去的。显然她在独自沉思，旅客们听到她在数着："一、二、三……"声音盖过了车轮的"咔嚓咔嚓"声。停顿了一会儿，她又不时重复数起来。两个小姑娘看到这种奇特的举动，指手画脚，不假思索地笑起来。一个老头狠狠扫了她们一眼，随即车厢里平静了。

"一、二、三……"神志不清的老妇人重复数着。两个小姑娘再次偷笑起来。这时，那位灰白头发的后备役老兵挺了挺身板，开口了。

"小姐，"他说，"当我告诉你们这位可怜夫人就是我的妻子时，你们大概不会再笑了。我们刚刚失去了三个儿子，他们是在战争中死去的。现在轮到我自己上前线了。在我走之前，我总得把他们的母亲送进阿卡姆疯人院啊。"

车厢里一片寂静，静得可怕。

3.总结：作者为我们设置了悬念，让整个文章更震撼人心，故事的留白，给予了人们更多想象的空间。

六、联系生活，深化主题

1.展示一些最近几年战争的画面和资料。（多媒体播放视频和图画）

2.连读关于战争的诗句。

（1）风一更雪一更，聒碎乡心梦不成。

（2）醉卧沙场君莫笑，古来征战几人回？

（3）烽火连三月，家书抵万金。白头搔更短，浑欲不胜簪。

深化主题：我们要珍惜和平，让和平之花遍布世界。

七、拓展延伸，加深理解

板书设计

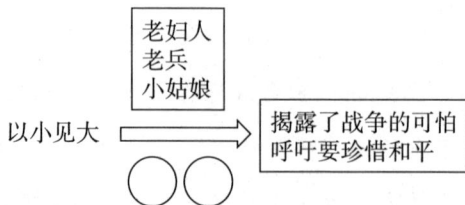

附：《爬山虎的脚》（第二课时）教学设计

教学目标

1.学习课文，了解爬山虎脚的特点。

2.能找出课文中写得准确形象的句子，感受作者仔细的观察。

3.能说出爬山虎是怎样往上爬的，感受作者连续细致的观察。

教学重难点

重点：了解爬山虎脚的特点和爬墙的过程。

难点：引导学生在品词析句中体会文章准确生动的表达，感受作者连续细致的观察。

教学过程

一、猜谜导入，激发兴趣

教师：同学们，我们来猜个谜语："名字叫虎不是虎，有脚但是不能走。小小爪子有力量，攀登高处本领强。"这个说的是什么呀？

学生：爬山虎。

教师：你们真聪明，这节课我们来继续学习第十课《爬山虎的脚》。（板书课题）

【设计意图】通过猜谜，激发学生的兴趣。

过渡：

教师：上节课我们已经学习了爬山虎的叶子，那爬山虎的脚到底是什么样

的呢？我们先来看一张图片，请同学们先仔细观察，然后说一说你观察到了什么？（教师出示爬山虎的脚的图片）

学生先观察，然后举手说。

教师：同学们说得真好，那叶圣陶爷爷是怎样描写爬山虎的脚的呢？

【设计意图】引导学生观察，引出文本。

二、合作探究，理解文本

1.布置任务，小组讨论

（1）读一读：请同学们自由朗读课文第三到第五自然段。

【设计意图】新课标指出："要让学生充分地读，在读中整体感知，在读中多感悟，在读中受到感情熏陶。"

（2）圈一圈：画出关于描写爬山虎脚的特点的语句；圈出爬山虎爬墙的动作词。

【设计意图】渗透圈画关键词和关键句的阅读方法。

（3）议一议：叶圣陶爷爷观察和发现了爬山虎脚的什么特点？

叶圣陶爷爷能把爬山虎脚的特点描写得这么精准，他是怎么进行观察的？

（4）填一填：小组合作完成观察档案。

跟随高手学观察		我是观察小达人	
		观察档案记录者：	
观察者	观察对象	观察发现	聚焦"观察"说感受
叶圣陶			

学生合作学习，小组交流后汇报。

【设计意图】新课标积极倡导自主、合作、探究的学习方式。所以，我会充分发挥学生的主体作用，让学生在小组合作交流中学习、探究。

2.小组汇报，画演辅助

教师：同学们，我们先看第4自然段，我请学生代表来说说你们小组画出了哪些句子。通过这些句子，你跟着叶圣陶爷爷发现了爬山虎的哪些秘密呢？

生汇报，师小结。

画出语句：①茎上长叶柄的地方，反面。——爬山虎脚的位置。（板书：位置）

②枝状的六七根细丝像蜗牛的触角。——爬山虎脚的形状。（板书：形状）

③细丝跟新叶子一样，也是嫩红的。——爬山虎脚的颜色。（板书：颜色）

【品一品】第一句和第二句哪一句写得更好？（PPT 出示对比阅读句）

【说一说】那你能不能用比喻的修辞仿写这个句子？请填空：太阳出来了，牵牛花开了，_____。

【画一画】同学们回答得非常棒！下面我们来做一个小游戏，看看谁能根据我们发现的关于爬山虎脚的秘密，在茎叶柄图上边读我们画出的语句边画出爬山虎的脚。

叫一个学生上台板画，其他学生在下面画。

画完教师出示爬山虎脚的图片对照，给板画学生做点评，下面生生互评。

教师小结：同学们根据课文的描写，就可以如此逼真地画出爬山虎的脚，说明叶圣陶爷爷的语言表达十分准确，而这么准确的表达离不开他细致的观察。（板书：仔细观察）

教师：接着我们来看第 5 自然段，看一下爬山虎是怎样用脚爬墙的。

学生：④"爬山虎触墙的时候……就是这样一脚一脚地往上爬。"——爬山虎爬墙的过程。

圈画出触、变、巴、拉、贴。（板书：触、变、巴、拉、贴）

教师：原来爬山虎是经过触、变、巴、拉、贴后一脚一脚地往上爬的，"巴"这个词是什么意思呢？

生答。

【换一换】教师进一步提问：如果我们将"巴"换成"粘、挨"好不好？

得出结论：不好，"巴"字反映出爬山虎力量的增强，依附在墙上，相当牢固。（结合最后一段）

教师：现在我们带着对这五个动词的理解，再来玩一个小游戏：我们还是以四个人为一个小组，请同学们将自己的手掌当作小圆片贴在墙上，做一做爬山虎爬墙的动作。一个人表演时，其他成员进行点评，老师等会儿找一个表演得最棒的学生上台展示。

【演一演】小组间表演，教师巡视。找一个学生上台展示：随着讲台下学生读爬墙动作词，学生以黑板为墙进行动作表演。

演完教师出示爬山虎爬墙的视频进行对照。

教师：为什么我们通过叶圣陶爷爷笔下的语句就能这么快而正确地把爬山虎画演出来呢？

叶圣陶老爷爷用词准确来源于他的仔细观察和连续观察。（板书：仔细观察、连续观察）

教师小结：每个小组表演的同学都在设身处地感受每一个动词，你们能够注意到事物的细微之处，表演非常的精彩，老师给你们点赞。

过渡：这是爬山虎触着墙的时候，那爬山虎没触墙的时候是什么样的呢？请大家看第5自然段。

学生汇报。

找到墙的作用并圈画出"不几天""后来""逐渐"。结合思维导图让学生对爬山虎触着墙和没触着墙两种状态的理解更清晰。

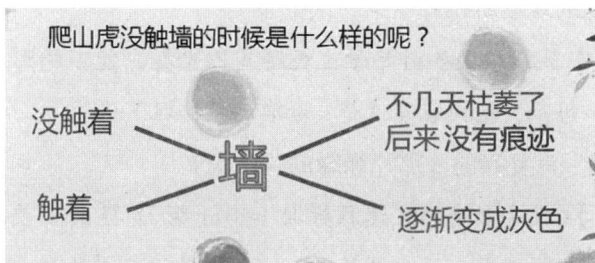

教师：作者不仅细致地观察了事物，而且在不同的时间节点对事物进行了连续观察，看到它不断变化的过程。

【设计意图】于永正老师认为，品味是一种十分重要的阅读能力。所以在这一环节的教学，我让学生围绕"触、变、巴、拉、贴"四个动词以及"以前、今年、后来"等时间词来感受作者连续细致的观察，品味文章语言描写的准确形象。中间穿插画一画和演一演两个小游戏，引导学生设身处地地感受，唯有细致的观察，才能发现事物的细微之处，突破本课的难点。

过渡：

教师：同学们刚刚阅读得很认真，接下来老师就要考考大家的仿写能力了，看看你是不是一个既会读又会写的小朋友。

三、举一反三，仿写练习

PPT 出示葡萄藤、牵牛花、丝瓜藤图片。

仿写任务：（看图片）请选一种植物，仔细观察，写一写这种植物的一个方面，比如：葡萄藤叶子、牵牛花花朵。

教师：提示一下大家，先选一个方面，再从不同的角度写。比如：写葡萄藤就可以仿照课文写爬山虎的脚时从位置、形状、颜色来进行描写。

【设计意图】读写结合，迁移写法。

四、作业设计，写法迁移

教师：请大家看课后资料袋，这里有图文结合和做表格两种观察记录方式，我们需要参照这里完成课后作业：

（1）选一种植物或者动物或者自然现象开始进行观察。

（2）将自己的观察所得开始第一次记录。

【设计意图】第二学段要引导学生观察周围世界，能不拘形式地写下自己的见闻、感受和想象，把内容写清楚；为单元习作埋下伏笔。

3. 推荐阅读：肖复兴的《那片绿绿的爬山虎》。

【设计意图】《义务教育语文课程标准（2011 版）》提出："要培养学生广泛的阅读兴趣，扩大阅读面，增加阅读量……"因此，小学阶段要将大量的课外阅读"挤进"课堂。

◎ 第四章　思维的提升 ◎

　　《义务教育语文课程标准（2011版）》提出："在小学语文教学中要在发展学生语言能力的同时，发展其思维能力。"深度阅读避免了阅读的浅层化，能促使阅读者通过自主探究的方法发现问题并解决问题，然后自主建构，找到其中的规律，最后展开拓展应用。在深度阅读的过程中，学生的思维能力得到了发展，语文核心素养得到了提升。

第一节　在阅读教学中提升学生的高阶思维

由于所接受的家庭教育不同，每个小学生具有不同的思维特点与认知能力，导致他们在阅读相同的文本时，会产生不同的看法和理解，正如"一千个读者就有一千个哈姆雷特"。但是，在当前的教学模式及当前的考试模式下，小学生的个性思维被课堂和考试"绑架了"，造成小学生在阅读课堂教学中，不敢随意发表自己的个性化观点，不敢把自己不同的看法说出来，具有较强的"求同"心理。作为小学语文教师，我们应该在阅读教学中采用开放式的教学方法。积极为学生的"求异"思维松绑，是语文教师必须面对的问题。

一、鼓励学生疑问，激励求异解读

小学生受应试教育和考试模式的影响，在课堂上回答问题时会受到求同思维的影响，因为他们知道只有和大家的答案一样，他们才能回答正确；如果他们的答案和大家的不一样，很可能会招来别人的嘲笑或者异样的眼光。为了激励小学生对教材中的文本进行"求异"解读，教师需要给他们构建求异性的教学情景，以启迪他们深入思考，激发他们展开更多的对文本的个性化阅读感知。例如，在学习《观潮》这篇文章的时候，教师先让学生认真阅读这篇文章；在学生了解了文章内容后，可给他们展示钱塘江大潮的相关视频；学生看过后，给他们提出如下问题，让其进行思考：钱塘江大潮千百年来之所以能够成为人们观看的奇景，有着多方面的原因，很多文人墨客写下了他们的感受，那么你看后有怎样的感受呢？问题的核心是学生自我的感受，而感受是带有个性化与独特性的认知。这样学生在回答这个问题的时候，就有话可说，比如有的小学生说"极大地震撼了我'弱小的'心灵"；有的学生说"钱塘一望浪波连，顷刻狂澜横眼前"，等等。不同的学生说出了不同的感受。利用视频和问题构建出的教学情景，激活了小学生的"求异"思维，充分展示出了他们的个性特征。

二、培养疑问意识，发现问题

"学起于思，思源于疑"，学生在自主阅读的时候必然会遇到各种问题，这时教师要引导学生自主给问题归类，并找到解决各类问题的最好办法，要鼓励学生积极探究有价值的问题，引发学生解决矛盾的欲望，这样才能提高教学效率。例如，在学习《芙蓉楼送辛渐》的时候，教师引导学生围绕作品中的词句展开深度阅读，尝试挖掘作品的主旨。教师首先鼓励学生找一下诗歌中有哪些自己觉得难以理解的词句，尝试提出问题。学生发现的问题分两类：一类只需要查询资料就能获得答案，如"芙蓉楼"在哪里、"楚山"在什么地方等；另一类问题能更好地促使学生深度阅读，如"作者为何要用'楚山孤'呢？山并不会孤独"。这是一个很好的问题，教师可以引导学生围绕此问题展开思考："这里的'孤'写的是山的情感吗？"学生认为："山是没有情感的，因为作者送别友人，他觉得自己以后会很孤独，所以看到山后，将自己的情感转移到了上面，认为山也是孤独的。"这样就促使学生发现了"情景交融"的写作手法。此后再引导学生展开拓展阅读，继续深入探究下去，思考一下还有哪些古诗词作品也运用了类似的手法，古诗词中有哪些物象常常被作者赋予特殊的情感。在此过程中，学生逐步理解了意象在古诗词中的运用，掌握了相关的语文知识，同时阅读和赏析的能力也会随之提升。在这个时候，教师要因势利导，利用学生稍纵即逝的灵感，引导其深入展开探究。这样能让学生的情绪更高昂，促使学生思维更活跃，学生就能更好地展开深度阅读，细细揣摩文本，获得个性化感悟。

三、重视阅读实践，提升求异认知

小学语文教材中所选择的篇目都是经典文章，既有内涵，又有外延，是值得学生深入阅读的。但是，由于教材中的文章篇目有限，学生仅仅学习这些课本上的阅读素材，是远远不能满足语文学习要求的。为了使学生更深入地理解教材内容，有效拓展学生的语文阅读视野，就需要语文教师在教学完教材上的内容后，给学生介绍一些与课文内容相关的阅读素材让学生进行阅读，以使学生在阅读的过程中形成自我的个性化阅读思维。这样既能丰富学生的阅读感受与阅读认知，又能使学生的语文个性化思维得到发展。例如，在学习完《和时间赛跑》后，为了强化学生对时间概念的认知，进而促进他们更深入地理解文章内容，教师可以给他们布置这样的阅读实践作业：除了文章外，还有很多关于时间的名著名篇、名言警句等阅读素材，请你在课后收集一些与时间相关的至理名言、小故事、文章等认真阅读，阅读后准备参加班级内的阅读分享活动。阅读实践任务布置完后，学生开始积极地准备起来，通过图书馆、阅览室、互联网找到了多种多样的相关的阅读素材，并在课下认真地阅读，获得了更多的个性化阅读体验。特别是在阅读课的展示活动中，很多学生都能表达出他们对时间的个性化理解。

四、强化读写互动，实现读写迁移

学生只有在阅读过文章后，写出自我的独特感受，才是真正理解了文章的内容，才能通过阅读提升写作能力，掌握更多的写作方法。这也为他们展示自我才华提供了更多的机会。语文教师应基于小学生的阅读基础和认知能力开展读写互动活动，将班级里的学生分为5个小组，让一组的学生阅读后摘抄出文章中的经典字词句段；让二组的学生阅读后写出具有个性认知的读后感；让三组的学生阅读后写出文章的后续发展；让四组的学生进行仿写；让五组的学生写读书笔记等。例如，在教学统编版教材第十一册中的"穷人"一课后，我让学生即兴编写穷人故事："同学们，渔夫与妻子桑娜收养了西蒙的两个孤儿后，会发生什么事情呢？请你们脑洞大开，续编《穷人》故事吧。"孩子们写的故事想象奇特，精彩纷呈，但都抓住了主人公的勤劳与善良来写。读写结合让孩子的求异思维得到了锻炼，彰显了孩子的个性。无论以哪种形式让学生进行读写结合，都是为了训练学生的读写能力，让学生在写作的过程中培养他们的求异思维和求异能力。

总之，在小学语文的开放式阅读教学活动中，教师要根据学生的特点与所学的具体的教材内容，采用合理有效的教学方式，鼓励学生大胆发表自己的看法，敢于质疑，说出不同于其他人的观点。语文教师在对学生的个性化观点进行评价时，要多鼓励与表扬，要多站在学生的立场看待问题；但是，对于学生的错误观点一定要进行批评和教育，要多引导他们，使他们多多发挥正能量，以真正提升小学生的语文学科核心素养。

第二节　通过单元整体阅读教学提升学生的思维

一、单元整体阅读对思维培养的重要性

"核心素养"是指学生应具备的、适应终身发展和社会发展需要的必备品格和关键能力。其综合表现为9大素养，即"社会责任、国家认同、国际理解，人文底蕴、科学精神、审美情趣，身心健康、学会学习、实践创新"。学科核心素养是核心素养在特定学科（或学习领域）的具体化，是学生学习一门学科（或特定学习领域）之后所形成的、具有学科特点的关键成就，是学科育人价值的集中体现。具体到语文学科，统编版语文教材对学生综合素养的培养方向主要包括四方面：

一是语言建构与运用。在小学阶段，这项核心素养可理解为：引导学生出于真诚对话的愿望，准确理解对方的话语形式与话语意图，精确妥帖地运用语言文字表情达意，以进行最有效的交流。

二是思维发展与品质。思维最初是人脑借助于语言对客观事物的概括和间接的反应过程。童年期思维的发展从具体形象思维逐步向抽象逻辑思维过渡，比较稳定的抽象思维能力开始形成。思维品质反映了每个个体智力或思维水平的差异，主要包括深刻性、灵活性、独创性、批判性、敏捷性和系统性六个方面。优秀的思维品质来源于优秀的逻辑思维能力。语文教学为什么要以思维发展与品质为核心素养？因为语文课程是学生学习运用祖国语言文字的课程，重在培养学生听说读写等多项综合的实践能力。而要在实践中体会、把握运用语文的规律本身就是一个很艰难的过程，因为汉语的内部结构、包含的各种信息都很复杂，这项工作可以促进学生思维的发展。语文教师要根据学生的身心特征以及思维发展的特点来改进教学内容、改变教学方法，进行有效的教

学，培养好学生的思维品质。

三是文化传承与理解。语文教学是母语教学，汉语中的字词很多都带有传统文化基因，经历了多民族的激变、融合，这些因素影响了汉语文化的传承积淀，有的明显有象征意义，只有解读、理解并传承这些文化密码，我们才能读懂汉语的丰富意蕴。中国地域广大，历史悠久，各民族都有自己的文化密码，就是这些丰富多彩的文化信息造就了汉语文化的博大精深，在统编版语文教材的人文主题上表现非常突出。因此，理解并传承文化，弘扬民族精神，提高思想文化修养就成了关键的一项核心素养。

四是审美鉴赏与创造审美。对于小学生来说，这就是当我们看待生活中的事物时，抛却了它的实用价值而专注于事物本身的形象，发现其中有一种超越现实的内涵、一种内在的精神，你感觉它触动、感染了你，丰盈、滋润了你的内心，令你愉快！当我们深入其中，反复玩味美的道理时，我们就进入了审美鉴赏的层次。小学语文教学以"审美鉴赏与创造"为核心素养，其宗旨就在于满足人性的需求，让学生体验到文学带给人的愉悦、情趣，唤醒学生对文学的渴望与热爱，在审美鉴赏过程中培养学生的个性创造力。

由统编版语文教材对学生综合素养的培养方向可见，思维的培养是统编版教材对学生综合素养的培养的一个重要方向。如何在语文教学中以大单元阅读为抓手培养学生思维是我一直探讨的问题。在大单元语文阅读教学中培养学生思维符合统编版语文教材的设计初衷。

二、统编版教材大单元安排的特点

统编教材以立德树人为宗旨，充分利用语文学科善于熏陶感染的特点，将社会主义核心价值观内化为语文的血肉，采取语文素养与人文精神双线组织单元的方式进行编排。这是课本采用单元编排的传统中别具时代特色的创意所在。现在，统编教材以语文素养与人文精神双线组织的方式来组编，一方面以人文主体为线索统筹安排，有利于发挥语文学科进行思想品德教育和情感审美教育的优势；另一方面，将语文素养作为另一条线索精选典范文本，兼顾知识和能力，优化学习策略，有利于促进学生语言文字运用能力的发展。从三年级开始，两大目标的融合，醒目地呈现在各单元的彩色首页上，便于学生自主掌握，一到六年级每册六到八个单元，由课文、口语交际、习作、语文园地等板块组成，每单元三至四篇课文。语文园地极富趣味性，包括了日积月累、识字加油站等，运用交流平台、大人一起读、初试身手等促进学生主体体验的趣味内容。统编版语文教材在结构上有明显的变化，单元结构体例更加灵活，采用"双线组织单元结构"，按照"内容主题"组织单元，课文大致都能体现相关的主题，形成一条贯穿全套教材的、显性的线索，但又不像以前教材那样给予明确的单元主题命名；同时又有另一条线索，即将语文素养的各种基本因素，包括基本的语文知识、必需的语文能力、适当的学习策略和学习习惯，以及写作、口语训练等，分成若干个知识或能力训练的"点"，由浅入深，由易及难，分布并体现在各个单元的课文导引或习题设计之中。每个单元都有单元导语对本单元主题略加提示，主要指出本单元的学习要点。在阅读教学中培养学生的思维，我们首先要了解统编版教材的大单元安排特点。一般普通单元由单元课文、口语交际、习作和语文园地组成。课文分为精读课文、略读课文，语文园地分为交流平台、词句段运用、识字加油站、书写提示和日积月累。单元导读点明了语文要素、课文落实要素贯穿方法，指导交流平台梳理总结，进一步提炼方法，语段运用和习作则属于实践运用。

在教学时提倡教师心中有全局，树立整体意识，充分利用每课的课后练习，加强整合，联合处理单元内部块的内容，人文内涵与语文要素有机融合，重视单元之间的联系，有意识引导，运用前面学过的方法，强化单元的整合意识。统编教材采用的是单元编排，体现了编排设计的整体性，一册教材的总目标要能真正地有效落实，必然会按要求细分为若干部分。在教学过程中，这些细分部分表现为单元，能使总目标一一落实，但是单元教学并非各自为政，而是有着密切的相互联系，共同承担着落实总目标的任务，这就要求在单元教学的骨髓里必须有着全册教学的强化整合意识，分是为了合，要合得好就必须分。因此在大单元教学中，我们必须有单元内的互为联系的整合意识，此单元与其他单元的整合意识。当然在整合的同时，我们也必须有单元教学目的的单一性的意识，即每一个单元要重点解决一定的问题、完成一定的任务、达到一定的目的，这是分单元编排之后的价值所在及强化单元教学目的的单一性意识。在明确单元教学目的的单一性的同时，我们还必须十分重视单元内容的连续性问题，单元与单元之间有着十分重要的前后联系才形成了整册教材的教学体系。如果我们缺失了对单元之间的这种联系的关注，只关注单元教学中的单一性教学，效果就会大打折扣。统编教材的特点不只是选编课文分单元，而且是把口语交际、习作、语文园地等都分别编入单元，教学时应当以课文为中心，把这些内容都互相结合起来，联系比较对照，强化单元的整合意识。在单元整体教学中，所有学习的内容都不是孤立的，为了避免教师孤立处理教材内容，忽视教材内容之间的联系，不关注传统课文的新功能，在教学过程中教师要加强方法指导，促进素养提升，提倡树立方法意识，将方法的学习与运用贯穿整个单元，将方法指导有机融入教学过程，引导学生自主交流学习收获，提升理性认识，灵活处理交流平台与其他板块的关系，唤醒和激活学生深度学习，培养学生的思维能力。

教材的大单元设计意图显著，所以我们要在大单元语文阅读教学中培养学生思维的深刻性、灵活性、独创性、批判性、敏捷性和系统性。

三、单元整体教学对思维培养的作用

小学语文单元整体教学能够在单维型思维训练的基础上，体现出多维型思维的特点，能够给学生提供多条思维的逻辑线索。首先，单元教学的"综合—分析—综合"的过程，能够给学生指出多维型训练的方向和范围，使学生的思维活动体现出多维型的特点。其次，单元整体教学能为学生提供多条思维的逻辑线索。由于学生先通览了整个单元，比较全面系统地掌握了整个单元的知识点，他们就可以从多角度分析理解单元中的每一篇课文，将各个知识点围绕单元教学要求有机地联系起来。另外，单元教学由于采取多课型教学，为学生的多维型思维创造了良好的环境。在语文课大单元教学当中，主要是学生在教师的教育指导下，通过善读多思，激疑问难，拓展延伸，进行更为深刻的、周到的思辨活动，敢于提出问题，乐于钻研问题。在此基础上，既尊重教师，又体现了大胆怀疑、科学探寻、勇于创新的精神。

（一）单元整体教学培养学生思维的周密性

教学单元是一个完整的整体，单元整体教学任务的完成，需要学生具有周密的思维能力。思维的周密性是指思维内容广泛全面，思维逻辑性强。一个人思维的周密性一方面取决于他知识经验的多寡，另一方面取决于其思维方法与习惯，这是毋庸置疑的。在单元整体教学中，我们既要让学生广泛阅读，丰富其知识经验，更要让学生善于阅读，掌握阅读方法，在阅读中思考，培养思维能力。

首先，教会学生掌握思维方法。方法主要有：①边读边思，一读一思；②由表及里，逐层深入，先思考简单、字面的意思，然后思考复杂、内在的底蕴等；③连类比较，辨析异同；④由此及彼，触类旁通，即阅读时要善于与储藏的知识挂钩，做"似曾相识"的联想。

其次，帮助学生解放思想，使之成为学习的主人。教师要反复教育学生，学习的过程就是发现问题、提出问题、钻研问题和解决问题的过程。可问题的发现和提出，是学习者自己的事情，其他任何人都不能取代。单元整体教学中，教师的作用是启发学生学习，而不是使学生闭塞。

单元教学突出了学生的主体地位。学生在宽松的环境中，更易于谈看法、摆见解，由于某些因素的触发，会突破习惯性思维的羁绊，闪烁创造性火花。学生置身于宽松和谐的学习环境之中，思维能力就可以得到有效的培育。单元整体教学中为学生提供更多的"心理安全"和"心理自由"的空间，即在语文课堂给学生无限的"空间"，让其畅想的思绪自由飞翔；每节语文课都有真情的交融、高峰的体验、心潮的激荡、灵感的迸发；允许学生犯"合理的错误"，最大限度地发挥民主教育思想，创设生动活泼、民主协商、主动探索和大胆质疑的教学氛围，调动学生思考的积极性，突出学生在学习中的主体地位。

（二）单元整体教学培养学生的探索性

学源于思，思源于疑；疑是学之始，学之端。朱熹说："读书无疑者须教有疑，有疑者却要无疑，到这里方是长进。"只有提出问题，才有可能分析、解决问题。通过引导学生主动质疑，可以培养他们勇于探索的求知习惯，培养学生的思维能力。

逼学生提问——让问题点燃学生的求知欲。教学生无中生有地发现问题，对所学内容产生疑问是思考的开始。文章本是有情物，它所反映的人、事、景、物，大至大千世界，小至细微感情，都是作者的智慧和心血浇铸而成，其中蕴藏着深邃的思想、精辟的见解、丰富的感情与运用祖国语言文字表情达意的功力。整体单元教学引导学生发现学习规律，总结学习方法，让学生在探索中不断地思考，不断提高学生的思维能力；课内习得方法，课外运用方法，拓展他们的思路，让他们把课文阅读与课外阅读、与自己的生活经验联系起来思考，这样持之以恒地步步引导，并加以鼓励、表扬，或组织学生讨论，增强学生发现问题的积极性，提高他们发现问题的能力。在此基础上，教师再引导学生善于发现高质量的问题，紧扣教材训练重点，达到既培养学生思维能力又培养学生语文素养的目的。

指导学生自己研讨问题。教师在指导和带领学生深入剖析、把握单元各篇的精神实质时，教导学生不应满足于现成结论，要有透视文章以外思想的能力；引导学生谈看法、摆见解，分析、判断、推理，给予学生充足的思考时间与想象空间，让学生相互启发，寻求答案；在辨疑、析疑时，调动学生的知识储存，使其发挥作用，温故而知新。灵活运用多种比较方法，培养学生良好的思维习惯，发展他们的思维能力和语言能力。

（三）单元整体教学培养学生思维的灵活性

实施启发式教学。孔子曾对启发式教学有过精辟的论述："不愤不启，不悱不发，举一隅不以三隅反，则不复也。"启发教学，就是通过引导、启发，激发学生对疑难问题积极思考，努力探索问题的答案。教师要引导学生采用研究性的学习方法，不轻信现成的结论，对知识的理解可以有种种假说、种种解释，经过分析、比较，特别是借助集体的力量加以评论，从而寻求正确的结论。

叶圣陶先生在《语文教学二十韵》中说："为教纵详密，亦仅一隅陈，贵能令三反，触处自引申"，强调了举一反三。吕叔湘说："教学，就是教学生学，主要不是把现成的知识教给学生，而是把学习的方法教给学生。"单元整体教学，正是"教"学生"学"，不是教知识，而是教方法，通过"帮助学生学习的一串过程"，让学生实现了"教是为了不教"的任务，使学生终身受用。课内教学中，教师根据学情和教学内容，引导学生总结方法后放手让学生举一反三，尝试运用总结方法独立思考，凸显了学生学习的主体地位，调动了学生学习的积极性和主动性，有效地培养了学生思维的灵活性。

从课内引导学生进行课外实践，运用课内总结方法自主深度阅读。因为厚积才能薄发，光凭课本阅读是远远不够的，教好学生阅读一本书是我们的责任，教会学生阅读更多的书是我们的目标。如何从"一"到"百"乃至"成千上万"，如何从"无效"到"有效"再到"高效"，如何在阅读中培养学生思维的广度？一是巧借课文，推开课外阅读之窗：由一篇课文走进一本书，由一篇课文走向一个主题，由走近作者到走进作者；二是巧用课内方法，为课外阅读指明方向：强化教材是"例子"的观念，学生学好"例子"，用好"例子"，进而举一反三。

教师在整体单元教学中，要加强对学生思维的周密性和灵活性的培养，加大思维训练强度，充分发挥语文学科优势，激发学生的探索欲望，使语文学科教育成为培养高素质人才的一方沃土。

大单元阅读教学培养思维的案例及分析
统编版三年级下册第八单元"有趣的故事"教学设计

一、总体构想

整个单元的教学分为五个模块：

模块一：预习（1课时）。读准字音，读通句子，读懂课文，质疑不解。

模块二：理解内容（4课时）。以《慢性子裁缝和急性子顾客》和《漏》为主，附带《方帽子店》和《枣核》，同时通过语言了解人物的特点、体会故事的有趣，能借助提示复述故事，不遗漏重要情节。

模块三：领悟表达（2 课时）。《方帽子店》和《枣核》连学，学生自主探究，学法迁移，用自己的话复述故事。

模块四：习作和口语交际（3 课时）。

模块五：检测（1 课时）。检验学生的学习效果，把语文学习的结果落实到实际中。

二、学习目标

（1）认识 33 个生字，读准 8 个多音字，会写 25 个字，会写 22 个词语。

（2）分角色朗读课文，能读出故事中人物对话的语气，体会人物特点。

（3）默读课文，交流自己觉得最有意思的内容，体会故事的乐趣。

（4）能借助提示，按顺序复述故事，不遗漏重要情节。

（5）培养学生以讲故事为主的口语交际能力。

（6）能选择一种动物作为主角，大胆想象它的特征变化带来的生活变化，编写一个童话故事，在相互评价中提高习作鉴赏和修改能力。

三、模块一：预习

（一）教学流程

自由读这四篇课文，大概了解文章的主要内容—圈画出不认识的生字生词，画出不理解的句子—小组合作解决疑难字词句—把课文读通顺—小组检查字词句及课文朗读情况。

（二）板块设计

板块一：自由读课文，识记生字、词语，填写预习汇报单，把预习模块中已经掌握的字词画上自己喜欢的符号。

单元主题	
语文要素	
本单元会认的字	
容易认错的字	

续表

	《慢性子裁缝和急性子顾客》	《方帽子店》	《漏》	《枣核》
本单元会写的字				
容易写错的字				
难理解的词语				
多音字				
主要内容				

板块二：读课文，初步了解文章内容。大声读课文，把课文读通顺，不好读的地方多读几遍。

四、模块二：理解内容

（一）教学流程

自读课文，说说对人物的初步印象—板书人物的特点（这些人物的主要特点你是从课文的哪些地方体会出来的，找出来）—交流画出的内容，指导朗读。

（二）板块设计

板块一：看图想象故事

出示课文中的四幅插图，指导学生看图，用自己的话说说画中大概讲了什么内容。评一评谁说得好，为什么？

【设计意图】让学生看图，能够激发学生的兴趣。讲故事，评故事，把学生带入学习的情境。

板块二：基础学习

自由读课文《慢性子裁缝和急性子顾客》。交流对顾客和裁缝的初步印象：顾客是个急性子，裁缝是个慢性子；默读，深入理解人物，说说文中哪些地方体现出顾客是个急性子，裁缝是个慢性子。

以此种学习方法学习《方帽子店》《枣核》《漏》三篇课文，总结出方帽子店的老板是个固执己见、愚蠢的人；枣核是个勤快、聪明的孩子；《漏》中老虎和贼愚蠢、贪婪的特点。

【设计意图】故事主题的把握，要在了解所写事件的基础上，认真品读精彩部分，从人物描写入手，挖掘作者所要表达的思想感情。这个板块的学习以学生自学为主，注重学习方法的迁移，培养学生思维的灵活性，使其初步了解课文内容，总结出故事中人物的特点，并找出相关语言描写的句子画出来。

板块三：朗读设计

（1）学习课文《慢性子裁缝和急性子顾客》第 2~29 自然段，感受裁缝的慢条斯理和顾客的急于求成的性格。

画出文中描写裁缝慢条斯理的句子和顾客急于求成的句子，并说说你的感受，再读出你的感受。通过朗读让人感受到裁缝的慢条斯理和顾客的急不可耐。

（2）学习课文《漏》，边读边体会老虎和贼的愚蠢和贪婪。

你觉得老虎和贼怎么样？你是从哪些地方看出来的？读读你找到的句子，说说自己的感受，体会老虎和贼的愚蠢和贪婪。

【设计意图】画出相关的语句，让学生朗读体会，但是不能把朗读指导的重点只放在这些句子上，要放在课文的语境中，让学生在理解整篇课文的基础上朗读。

五、模块三：领悟表达

（一）教学流程

回顾四篇课文中主要人物的特点—出示例句，体会这样写的好处，归纳描写方法—交流课外搜集到的内容，进一步了解民间故事。

（二）板块设计

板块一：复述故事

复述《慢性子裁缝和急性子顾客》这一课时，首先让学生填写顾客在不同时间的要求和裁缝在这些时间的表现，然后小组合作探究，最后全班交流。引导学生借助表格复述故事，这样条理清晰，比较容易把课文复述出来。

《漏》这篇课文故事一波三折，地点在不断转换，首先让学生找出这些地点，想想在这些地点主要发生了什么，再小组合作探究，最后全班交流，引导学生按照地点变化的顺序复述故事。

通过学习精读课文复述故事的方法，以及复述练习，在学习《方帽子店》这篇略读课文就可以让学生运用上两篇课文学到的复述方法复述或是用自己的话复述"最意想不到"的部分。《枣核》这篇略读课文可以让学生把体现枣核聪明的内容作为复述重点。让学生讨论复述本课可以运用什么方法，引导学生用这个单元学过的方法，鼓励学生用自己喜欢的方法复述。

【设计意图】复述是中年级很重要的一个学习要求，也是本单元的语文要素。在复述的过程中，可能会出现顺序混乱、语言表达不清楚、背诵课文的现象，教师应鼓励学生用自己的话讲，反对背诵课文并不是反对用课文中的好词佳句，如果能恰当地把好词佳句融入自己的复述中，应该对学生进行表扬和鼓励。

板块二：想象画面

本单元的故事都非常有趣、精彩，在有趣和精彩处要引导学生边读边想象画面，感受故事中人物的特点，以及故事的有趣。

【设计意图】借助充满想象力的故事，让学生感受人物的特点，感悟故事的趣味性。

板块三：朗读指导

通过抓住关键词句朗读，体会民间故事语言表达口语化的特点。比如："管他狼哩，管他虎哩，我什么都不怕，就怕漏！""坏事'漏'就等着吃我哩！"语气词"哩"为故事增添了浓浓的生活气息。又如，文中"旋风一样，停都不停""想想不甘心，还是要回去偷驴""这下我可活不成了"都来自生活中的口语，读来毫不费力，通俗易懂。

六、模块四：口语交际和习作

（一）教学流程

口语交际（趣味故事会）—习作（这样想象真有趣）—交流学习收获（单

元学习总结）。

（二）板块设计

板块一：口语交际

（1）交流人物形象。

学习本组课文，哪一个给你留下的印象最深？

（2）讲故事。

讲述本单元中的一个故事。（可以用上积累的课文中的词句）

互相评价：这些人物为什么会给你留下深刻的印象？故事讲得有趣吗？说说怎样才能把故事讲得生动有趣。

【设计意图】讲故事需要在充分了解课文的基础上进行。因为课程标准对本学段的阅读要求是：能初步把握文章的主要内容，体会文章表达的思想感情，能复述故事内容，初步感受作品中主人公生动的形象。这个环节的设计，就是考查学生对文章内容的理解和把握程度，并把自己的理解通过讲故事的方式表达出来。

板块二：习作设计

（1）交流想法。如果动物失去了原来的主要特征，或是变得与原来完全相反，它们的生活会发生什么变化？又会发生哪些奇异的事情？

（2）选一种动物作为主角，大胆想象，编一个童话故事。

（3）动笔。大胆想象，自编故事。

（4）自我评价。从故事是否完整、有趣加以评价。

（5）互相评价。教师引导学生从想象是否大胆、新奇等方面加以评议。

（6）修改及誊抄。要求书写工整，注意格式。

【设计意图】习作是学生语文学习水平的集中体现。根据本单元学习获得的经验写出人物，是学生把自己的体验付诸实践的过程。如果能把自己体会到的表现在习作中，就是一种提高。习作后重视学生的自我评价和互相评价，教师用评价引领方向。

七、模块五：检测

（一）教学流程

基础检测—交流收获。

（二）板块设计

板块一：基础检测

（1）学习本单元，积累了哪些词语？

（2）学习本单元，有哪些让你印象深刻的句子？

（3）积累背诵古诗词。

【设计意图】通过基础检测，检查学生对本单元字词的掌握情况，提示学生要有意识地识记重点词句。

板块二：交流收获

（1）学习本组课文，有什么收获？

（2）学了本组课文，你还想去读一些什么书？为什么？

【设计意图】此板块是整个单元学习的总结，目的是使学生有意识地反思学习过程。交流收获可以从学习内容、语言积累、学习方法、学习经验等方面进行。交流是学生对整个单元学习的反思和成果整理。读书建议是读书的又一次交流，也是语文学习的又一次扩展。

（邓娟）

三年级的孩子虽说自主学习的能力有限，但探索、合作、交流的积极性是很高的，教师充分利用学生的主动性，让学生通读单元教材，整体了解单元学习内容，初步发现疑难所在——不会概括主要内容、一些字词不会写、不理解意思等。整体感知时鼓励学生记下自己的难题，小组交流后填写好预习单，一一查看预习单发现问题。在把握文章内容和复述课文时，教师有针对性地进行指导，举一反三注重培养学生思维的灵活性，在引导的同时布置内容让学生尝试运用方法，使单元整体教学有效地推进。

单元整体教学是通过精心的设计，激发了学生的学习兴趣及学习热情，让学生主动参与到学习中去。学生在教师的教育指导下，通过善读多思，激疑问难，拓展延伸，进行更为深刻的、周到的思辨活动，敢于提出问题，乐于钻研问题。这使学生开动大脑，培养其思考的习惯，为学生思维能力的提高打下了坚实的基础。同时这种方法可以帮助学生完善自身的知识结构，加深对语文知识的印象，提高自身的语文素养。

"作家笔下的人"

——统编版五年级下册"作家笔下的人"单元整体教学设计

一、总体构想

模块一：自主预习板块（2课时）。通过学生自读课文，挖掘学生自学潜力，达到理清字词障碍、自由朗读课文、了解文章内容、初步感知人物形象的效果。

模块二：感知人物形象（2课时）。结合文章关键语句，通过自主学习和合作探究用准确的词语说出人物特点。

模块三：探究人物写法（2课时）。结合课文和习作例文，引导学生总结：可以通过人物语言、动作、外貌、神态、心理等表现人物的特点，还可以通过描写他人的反应表现主要人物的特点，能体会这些写法的表达效果。

模块四：书写身边人物（2课时）。结合初试身手和习作，初步运用课文中学习的表达方法，具体表现一个人的特点。

模块五：图书阅读推荐（2课时）。由课内片段走进经典书籍《小兵张嘎》《骆驼祥子》《儒林外史》等经典书籍，感受作者写人的方法。

二、学习目标

（1）认识18个生字，读准一个多音字，会写30个字，会写28个词语。

（1）能结合课文描写人物的相关语句，说出人物的特点。

（3）了解可以通过描写人物的语言、动作、外貌、神态、心理等表现人物的特点，还可以通过描写他人的反应表现主要人物的特点，能体会这些方法的表达效果。

（4）能交流总结写人的基本方法。能试着用学过的方法描写一位同学，能列出表现家人特点的典型事例。

（5）能结合例文和批注，进一步感知写人的基本方法。

（6）能选择典型事例，通过描写语言、动作、外貌、神态、心理等表现人物的特点。

三、模块一：自主预习板块

（一）教学流程

出示预习目标—自主学习，写预习笔记—检测预习效果。

（二）板块设计

板块一：出示预习目标

（1）通过阅读单元导语，了解本单元要学习的人文主题和语文要素，讨论学习方法。

（2）借助工具书认识本单元的生字，理解词语。

（3）正确流利地朗读课文，了解课文的主要内容。

（4）通过朗读课文，对课文中的人物有初步的印象。

（5）针对课文中不明白的地方提出质疑。

【设计意图】学习整组课文时学生阅读量加大，预习时学生会感觉无从下手。教师给学生设定预习目标，自学起来就会有所依据，避免盲目简单地只读一遍。所定的预习目标从整体入手，先是对整组课文有一个整体的印象，再借助工具书解决疑难的字词，把握课文的主要内容，初步质疑，为后面的学习做好准备。

板块二：自学本组课文，完成预习单

预习单的内容设计：

（1）阅读

①自读单元导读

本单元的内容是围绕着主题来写的。本单元学习的重点是 _____，需要

学习的表达方法是 ＿＿＿＿＿＿。

【设计意图】自读单元导语，在导语中获得收获，这是把握单元学习目标，了解单元内容最近的渠道。单元导语犹如一个指向标，是对后面课文学习目标的指引。在进行具体的单元学习时，要了解本单元读写训练的要求。

②阅读课文的题目

看到课文题目，你猜到课文内容是什么了吗？

③通读课文

我关注的字音和生字用"＿＿＿"标出来。

我需要理解的重点词语有 ＿＿＿＿。

同桌之间相互说一说，每篇课文的主要内容是什么。

课文中的主要人物有：＿＿＿＿。我最欣赏的是 ＿＿＿＿，因为 ＿＿＿＿。

找出课文中比较难读通的句子，划分节奏，再读两遍。

【设计意图】通读文章，一篇文章里必定或多或少有些不认识的词、不会解释的词、不好理解的语句，在阅读课文的时候就要眼、脑、手并用，将预习时遇到的这些问题用笔画出来，如果这些问题书上有注释，那么阅读时可以对照注释自己弄懂它的意思；书上没有注释的问题，就要利用工具书查一查，特别是不要放过那些模糊的字词和似懂非懂的句子。让学生在学习课文之前，要对每篇课文的内容有一个把握，对课文中的人物在读后有初步的评价，引导学生阅读写人的文章时，要关注人物的特点。

④品读

找出精彩句段，细细读一读，说一说，为什么让你心动？

（2）质疑

提示：自读课文前的提示都能理解吗？课后习题中的问题能解决吗？解决不了的标出来找同学和老师商量。在课文中你还发现哪些问题需要得到老师和同学的帮助。

板块三：预习检测

（1）字词检测。

（2）朗读检测。

①出示文中的长句子，以小组抽查的方式检测并打出等级。

②有感情地朗读最让人感动的句子，组长评价并打出等级。

③教师针对预习单的填写情况作出评价并解决简单的疑问。

【设计意图】本环节的设计是基于将预习的成果落到实处，同时也是为了了解学生在预习中遇到的问题，在后面的环节中引起注意。

四、模块二：感知人物形象

导语：在灿烂的文学宝库里，作家用他们的妙笔为我们刻画了众多栩栩如生的人物形象，我们学过顾全大局的蔺相如、知错能改的廉颇、勇武过人的武松、足智多谋的诸葛亮、神通广大的孙悟空。在作家的笔下，这些人物性格鲜明，给我们留下了深刻的印象，让我们久久难忘。

板块一：整体感知人物形象

（1）请大家说一说这组课文中的主要人物有哪些？

（2）从这些名字看人物，你觉得他们是怎样的人？

（3）这些人物是不是像我们猜想的这样呢？我们赶快到课文中去找吧。

（4）请同学们浏览课文，看看小嘎子、祥子、严监生、刷子李分别给你留下了怎样的印象？选择一个人物，用一两个词语来概括。

【设计意图】初步感知人物形象，从人物名字入手，引导学生大胆猜想，激发学生了解人物的好奇心。学生预习后对人物会有基础认知，鼓励学生将最深的感知表达出来。

板块二：具体感知人物形象

1.通过外貌和语言感知人物

（1）我们中国有句古话叫"听其言，观其行"，我们可以从人物外貌、语言、动作、神态等来看人物。我们先来从动作看小嘎子。

（2）多媒体出示《摔跤》片段，让学生把描写小嘎子动作的句子读一读。

（3）这些动作表现了小嘎子什么样的特点呢？请任选一处或者一句谈谈你们的理解。

（4）播放视频片段让学生一睹小嘎子的风采。给学生当演员的机会：你先来读读描写嘎子动作的句子，一会儿请你在台上演示。

（5）学生通过抓住小嘎子的动作词语品味、朗读和表演，感受到小嘎子是一个机灵的孩子。

2.通过人物动作和神态感知人物

（1）我们从动作神态来看严监生。画出表现严监生动作神态的句子并读一读，在小组内讨论交流，你们从句子里体会到了什么？是从哪些词语中体会到的？

（2）这些动作神态表现了严监生什么样的特点呢？

（3）播放视频片段。给学生当演员的机会：你先来读读描写严监生动作神态的句子，一会儿请你在台上演示。

（4）学生通过抓住严监生的动作神态词语品味、朗读和表演，感受到严监生是一个吝啬、冷漠、无情、守财奴形象。

3.总结归纳，举一反三

我们已经剖析了两个人物的形象了，请同学们思考，我们可以从哪些方面来分析人物形象呢？

【设计意图】引导学生结合文章具体语句认识人物形象，总结体会人物性格特征的方法，为进一步自由感知人物形象做准备。

板块三：自由感知人物形象

（1）请你们运用这种体会人物的方法，从小嘎子、刷子李、祥子、严监生这些人物中任选一个进行分析，先把对这个人物体会最深的句子画出来读一读，然后小组内讨论一下你们体会到了什么。

（2）小组交流后集体汇报。

【设计意图】充分体现学生学习的主体地位，让学生举一反三，尝试运用总结的方法感知人物形象，培养学生思维的灵活性。

板块四：回顾小结

（1）学生小结单元人物性格。

（2）学生总结品味人物的方法。

（3）我们对这些人物的印象是从节选的片段中感知到的，和原著相比，我们的这些感受是不全面的，我们要多读一些原著，这样我们对人物才能有一个全面的认识，希望同学们都能"腹有诗书气自华"。

【设计意图】引导学生"一课一得"，总结出品味人物性格特征要抓住人物的外貌、语言、动作、心理和神态。

板块五：自主感悟人物形象

运用总结方法感悟习作例文里的人物性格或特点。

【设计意图】让学生举一反三，尝试运用方法感知人物形象，总结写作的方法，为下一模块做铺垫，培养学生思维的灵活性。

五、模块三：探究人物写法

板块一：带领学生探究人物写法

1.通过对话探究人物写法

出示小嘎子和胖墩的对话，透过人物语言引导学生感受小嘎子的机灵和胖墩的自信。

2.通过人物外貌探究人物写法

（1）让学生阅读《他像一棵挺脱的树》，想一想哪一句是人物的外貌描写？给你印象最深的是哪一句？

（2）引导学生从标题入手，感受标题"挺脱"一词形象地写出了祥子的外形，概括了祥子高大健壮充满活力的特点。

（3）引导学生小组合作交流作者对人物外貌的描写——由整体到部分，由简略到详细刻画的方法，紧紧围绕人物高大健壮充满活力的特点表现。（文章节选片段先从体格和装束两个方面对祥子进行了整体勾勒，"身量和肌肉都发展到了年岁前边儿去了""铁扇面似的胸""直硬的背"等语句形象地写出了祥子身材高大身体健壮的特点；接着片段细致地描写了祥子的脸，"头上永远剃得发亮""腮上没有多余的肉""脖子可是几乎与头一边儿粗""脸上永远红扑扑的"等语句进一步表现出祥子的健壮和十足的精神气。）

3.通过人物的动作探究人物写法

（1）让学生阅读《两茎灯草》，画出给你印象最深的人物动作。

（2）引导学生阅读课外资料理解严监生临死的动作，感受严监生的吝啬和无情。

（3）罗列动作描写句子，让学生感受作者对相同动作的细致刻画来表现人物特点。

4.通过侧面描写探究人物写法

（1）让学生阅读《刷子李》，比较一下文章详写了什么，略写了什么。

（2）让学生分小组讨论一下这样写有什么好处。

（3）让学生对比阅读直接写刷子李技艺高超的文字，引导学生感受侧面描写的魅力。

【设计意图】引导学生多角度探究作者描写人物的方法，将阅读迁移到写作中去，培养学生思维的灵活性。

板块二：自由探究人物写法

学生自主阅读习作例文，探究人物的写法。

【设计意图】让学生举一反三，尝试运用总结方法体会作者描写人物的方法，培养学生思维的灵活性。

六、模块四：书写身边人物

板块一：对象迁移，激情导入

（1）引导学生说说身边人的特点。

（2）回顾课文中主人公的特点。

（3）这些人我们没有见过却给我们留下了深刻的印象，那么作者是用什么方法把这些人物的性格特点表现得淋漓尽致的呢？

（4）学生小结：通过对人物外貌、语言、动作、神态和心理的直接描写，还可以通过对其他人物的细节间接描写来侧面烘托人物的性格特征。

【设计意图】由一个个问题，引导学生打开思路，让学生心里产生一个整体的印象，引领学生一层层构思。

板块二：回顾经典，细化方法

让学生回顾交流本单元哪些经典片段给你留下了深刻的印象，为什么？

板块三：口语交际，实践方法

在我们接触过的人、读过的文学作品、看过的动画片或听过的故事中，还有许许多多性格鲜明特点突出的人物早已印刻在了我们的脑海里。

1. 交流人物特点——句子训练

说说给你印象最深的人是谁，他有什么特点？

2. 交流精彩片段——片段训练

请大家学习作者抓住人物的特点，选择他身上发生的某一件事儿中的一个片段，进行细致生动的描述，使人物的特点突出、鲜明。

学生交流并说明使用的人物描写方法。

3. 交流总结体会——总结方法

师：我们来小结一下我们在交流的时候，对于人物描写有什么妙招。

生：根据特点，抓住细节，具体描写，适当运用修辞手法，加入合理想象。

4. 学生把交流印象最深的人物写出来。

5. 学生习作，教师巡视。

6. 作文讲评

（1）自我完善

①小声有感情地朗读自己的作文。

②注意用词恰当没有错字，句子通顺。

③斟酌作文是否突出了人物的特点。

（2）小组合作

①小组内写完的同学互相交流。

②讨论习作中描写人物的片段是否具体。

③他采用了哪些人物写法？是否使人物形象特点鲜明突出。

（3）点石成金

①从他的描写中，你能体会出人物的什么特点？

②你觉得他哪里描写得精彩，值得你学习？

③你还有什么问题？请提出宝贵意见。

教师课堂小结:

同学们这节课的收获真不少,能够运用文中学到的方法来描绘自己心中印象最深的人物,同学评价的时候也越来越会思考、会判断、会表达啦!但是请记住,书籍是人类进步的阶梯,读书破万卷,下笔如有神,仅凭我们课上学的方法是远远不够的,还希望同学们多读书,读好书,积累语言、丰富知识、拓宽视野,相信我们将来一定会文采飞扬,成为一个个小作家。

【设计意图】小学生的写作是从写段落到写篇,有必要让学生一步步由句到段到篇慢慢交流。

七、模块五:整本书阅读推荐

板块一:回顾课内精彩片段

(1)引导学生回顾文中精彩片段。

(2)让学生交流人物留给你的印象。

板块二:拓展课外精彩片段

(1)电脑出示:简介著名作家冯骥才创作的小说集《俗世奇人》,全书由18个短篇小说连缀构成,各篇文字极精短,半文半白,带有"三言两拍"笔意,作品的风格也接近古典传奇色彩,取话本文学旨趣。书中所讲之事,多以清末民初天津卫市井生活为背景,每篇专讲一个传奇人物的生平事迹,素材均收集于长期流传津门的民间传说,人物之奇特闻所未闻,故事之精妙叹为观止。

(2)由刷子李引出泥人张。这两位手艺人,都是听起来神乎其神,并且实际上存在过的活生生的人物。他们为生活所迫,练就了超凡绝伦的手艺;他们有个性,但又和常人一样喜怒哀乐样样俱全。他们是某些方面才能很突出的常人,在他们所擅长的方面,他们的行事言语高于常人。既为奇人,他们有许多轶事,但作者均只选择一件极富个性色彩的小事来表现他们的"奇"。刷子李充满自信、豪气干云的个性和泥人张沉稳、干练、镇定自若的个性,都是通过曲折的故事情节和人物的行事言语表现出来的。

(3)泥人张沉稳、干练、镇定自若的个性,是通过曲折的故事情节和人物的行事言语表现出来的，那是怎样的言行呢？你想知道吗？

（4）文中有 18 个奇人，他们身怀什么绝技呢？让我们走进《俗世奇人》，去读整本书。

板块三：回顾课内总结读法

（1）回顾课堂上我们是怎样认识刷子李的。

（2）总结学习流程：从理解内容到品味形象，再由形象去探究表现方法。

（3）制订整本书阅读计划。

板块四：回顾本节课激发学生课外阅读兴趣的方法

小结：我们通过课内文章去了解课文出处，查阅原著主要内容、精彩片段，然后运用课内学习的方法制订整本书阅读计划。

课后反思

《义务教育语文课程标准》（2011 版）明确指出，小学阶段习作教学要求学生"能具体明确、文从字顺地表述自己的意思。能根据日常生活需要，运用常见的表达方式写作"。习作教学需要一个完整的支持系统，帮助学生在课堂特定的环境和有限的时间内搭建语言文字表达基础的那几级台阶，让阅读与写作实现"透明对接"，促进学生写作能力的全面提升，进而促进学生思维的发展。统编语文教材习作的编排实现了阅读与写作的巧妙对接，让"读"与"写"近距离的关系看得见，学生写作能力的提升看得见。下面，笔者就习作单元的编排体系以及本习作大单元教学方法谈一谈自己的看法。

一、统编教材习作单元编排特点

统编版语文教材（以下简称教材）习作单元的编排以语文新课程标准为前提，以习作体验和实践为根本，以习作能力的养成为目标，充分体现了"统分有致，有机融合"的指导思想，积极构建了一个科学化、系统化、阶梯化的习作训练体系。"统"的是习作教学的大方向、总目标，"分"的是指向习作能力养成的组合要素、阶段性目标。"统"字当头，"分"有所指、有所向。单元中的两篇课文、两篇习作例文及习作将单元目标分解成基本动作要领。基本动作要领是入门的必备，是通向高层次创作的台阶。8个习作单元由易到难，呈阶梯式上升，从"读""写"两方面构建了一个系统的对接体系，体现了习作教学体系编排的整体性和阶段性。习作单元教材从特定的课堂环境入手，构建了科学化的习作教学体系，帮助学生搭建语言文字表达的基础台阶。

让"读""写"分工走向科学化。张志公先生认为阅读与写作应该"分进合击"。教材从三年级至六年级共设置了8个独立的习作单元，每个习作单元围绕单元总目标自成一体。它由单元导语、典型性选文、交流平台、初试身手、习作例文和习作组成。整个单元从习作目标出发进行选文、设计教学和体验活动，最终落实习作兴趣的激发和培养，习作知识、技能的迁移和应用。这种专项习作单元体系的构建，是习作教学走向科学化的重要标志。

习作目标走向功能化。教材的习作单元将提高学生的交际能力纳入习作教学的目标中，并落到实处。"和同学交流""说说"等词语几乎在习作单元的每一篇精读课文的课后习题中都能见到，类似"把你认为写得好的部分读给小组同学听"等句式基本在每一篇习作要求中都会出现。这样的教学指向"写作是为了更好的交流"的习作理念，它要求学生在习作时眼中有"读者"。

习作教材走向适切化。习作教学要面向学生真实而具体的困难。笔者认为，习作教学目前存在的问题都源于学生"现有的习作经验"与"习作任务所需要的经验"间存在的落差。如何在这两者之间搭建阶梯？教材习作单元的精读课文和习作例文成为填补落差的重要载体，它们可以提供与习作要素高度匹配的范文，并通过单元导语与课后习题帮助学生填补习作任务所需的习作经验。如三年级上册《搭船的鸟》就是细致观察和奇妙体验描写的经典，阅读这样的文本不仅能激发学生"留心观察周围事物"的动机，还能让学生获得细致观察的方法；四年级上册《麻雀》一课对"小麻雀的无助""老麻雀的无畏""猎狗的攻击与退缩"描写得细腻生动，引导学生重点品读相关段落，就能习得"把事情写清楚"的方法并体会其好处。

习作教学走向实践化。写作学习主要不是为了探索、验证写作知识，而是为了获取写作经验、改善写作能力。写作的实践性特征要求习作教学不能单纯地介绍写作知识，而要开展大量的基于"写作"的活动。教材习作单元的课后习题围绕习作要素设计了具体且可操作的实践性活动。如五年级上册的说明文单元就从文章谋篇布局的整体把握，到说明方法及表达效果的体会与感知，再到"运用多种方法来说明一个事物特征"的习作训练，以及将散文《白鹭》的部分段落改写成说明文的写作活动，围绕"把事物说明白"设计了一系列活动。由"读"到"写（说）"再到"比较"，将写作训练设计为学生能够做并且愿意做的一系列可操作性活动。

二、统编教材习作单元的大单元教学方法

小学阶段习作课要完成的任务，首先是让学生学习基本的语言表达。如何对学生进行基本的写作思维和表达技巧的训练？唯有"多读"与"多写"。

（一）读有"指向"

学作文就是学语言，学习语言的方法对学习作文而言都适用。比如一种意思想要用怎样的方式来表达，句与句如何联系，其中是有规律可循的，但是拿起笔来想要表达的时候，你就不能先去考虑规律，而要听从你熟悉的常用的表达习惯，这习惯就是由多次重复"读和写"养成的。

如何读？如何写？习作单元将习作教学中的"读"和"写"的方法融在课后习题中。如果把课程标准中的学段目标比作靶子，单元导语就是"靶心"，而课文、交流平台、初试身手以及习作例文都是一支支"箭"，课后习题则控制和把握着"箭"行进的方向。所有的"读"都是有目的地读。如"人物描写一组"要求学生读课文，结合课文语句说说用了哪些描写人物的方法，并体会这些方法的作用。"写"亦是建立在"读"的基础上。因为带着目标"读"，这里的"写"也变得有样可学、有据可依，掌握了写作的方法和技能，"怎么写"的问题也就迎刃而解。

（二）读有"方法"

读，是为了吸收。吸收包括内容和表达方式两个方面。习作单元的教学重在表达。读要讲究方法，方法对则吸收得快，收获也是明白清楚；方法不对则吸收得慢，甚至无法吸收，即使小有收获也是雾里看花朦朦胧胧。教材明

确要求教师带领学生在表达方面进行一些深入的探索：一是思路内部的自然联系，二是语言内部的自然联系。三年级上册观察单元《金色的草地》课后习题2就是指向于写作思路内部的自然联系。作者先发现了早、中、晚草地的变化，然后联想到草地变化的原因，思路由此及彼，这就是思路内部的自然联系。而此单元的习作例文《我爱故乡的杨梅》第5自然段对杨梅的描写，作者用了"先""随后""最后"等词语进行句子的联结，这是语言内部的自然联系，然后解释了"变黑"的原因，又转向思路内部的自然联系。这种思路和语言的内部联系虽然近乎"熟套"，但是确实合乎思想和语言的规律，顺着这个思路想，顺着这个习惯表达，读者阅读时就会感到清晰自然。

除了要引导学生了解读懂文字的意义之外，还要引导学生把文字所含的思路条理和语言条理印入脑中，了然于胸。读懂句子的意思之后还要继续读，体会思路和语言的条理，尤其是语言前后的衔接。这样读着读着，上句没读完，下句就会脱口而出。"像是脱口而出"就是语言的熟套已经印入心中，到自己拿笔时就不会不知如何表达了。

（三）读有"习得"

学生在作文中之所以不能准确连贯自如地表达，不能轻松地进行"意"与"言"之间的转换，就是因为语文经验不足。因此，帮助学生积累语文经验就显得尤其重要。（1）积累语言表达范式。写作是书面语言的创作过程。书面语言是有组织的文字，是经过组织能够表情达意的文字。对学习写作的人来说，文字是一种工具，可以通过操练、使用，最大化地发挥它的性能。有人把学习写作分解为学习用字、遣词、造句、分段、谋篇等。学写作也是学语言，如"人物描写一组"暗藏着写人的基本方法，《海上日出》是修辞的使用典范，《松鼠》教会学生学习如何具体、生动地表达，只有熟悉各种表达方式，领会不同笔调的长短轻重，融会贯通，才能够推陈出新，把意思表达得更加清晰，更加生动。（2）训练文体思维能力。学生学习写作的过程就是学习语言模式、语言秩序和语言体式的过程，积累"文章图式"的过程。教材习作单元从三年级下册开始就按照文体样式——记事、写人、写景、说明、说理等，围绕习作要素形成写作的序列。课后习题明确指出写作教学要帮助学生积累言语体式感，形成"言语体式"的认知，进而转化为自己的文体思维，形成思维建构能力。如四年级上册记事单元要引导学生关注记事文体的文体图式，并教给学生读解此类文体的；四年级下册写景单元要引导学生关注写景类文章的语言模式和语言秩序；五年级上册说明文单元要学生了解说明性文章基本的说明方法，并且学会搜集资料，用恰当的说明方法把某一种事物介绍清楚。"胸有成竹"方能将"眼中之竹"转化为"手中之竹"。教师进行写作教学时，要有清晰的文体意识，教学过程中帮助学生发现、积累各类文体的信息组织模式和认知图式。只有通过阅读积累各种文体范式，写作时才能激活、提取和加工。（3）培养语篇构造能力。写作是通过字词句段篇的排列构成"语篇成品"。主题、材料、结构和语言的呈现方式造成了语篇外在形式上的不同。写景类文章可以按照游览的顺序叙述，说明类文章有其基本的谋篇布局方式。当然，写人、记事、说理各有各的外在形式，写作教学中，教师利用"鱼骨图""框架互动图""簇形图""比较和对比图"等帮助学生在阅读中理清文章的脉络，搭建思维框架，有利于学生形成文体感、文章图式认知和建构思维能力，培养了学生思维的系统性。

三、习作大单元教学对学生思维的培养

在五年级下册的"作家笔下的人"的单元整组教学当中，我们把一组教学内容、三个片段和一篇文章加两篇例文和习作整合在一起进行教学，把教学分成模块。教学经历了从语言文字到理解内容，再在理解内容的基础上来引导孩子领会作者是怎样用语言来表达内容的过程，经历了从语言文字到内容再到语言文字的过程，也就是说经历了"依言得意"和"据意悟言"这么一个过程。这些板块让我们感受到单元整组教学就好像一部交响曲，预习是序曲，然后后面是乐章，非常地流畅自然、浑然一体，展示了单元整组教学的全过程。在习作大单元语文阅读教学中培养学生深入体会作者写人物特点的方法，使学生深入思考，培养了学生思维的深刻性。在体会写作方法的表达效果时，每个学生的体验不同，领悟的角度不同，培养了学生思维的独创性。将阅读中习得的方法灵活自如地运用到自己的习作中去，培养了学生思维的灵活性。这样读写结

合的教学更好地引导学生总结出系统的阅读和写作方法，培养了学生思维的系统性。

　　总之，写作教学的关键在于写作教学内容的确定。只有在写作教学的每个阶段明确"教什么"和"怎么教"的可操作性内容，才能实现阅读与写作的巧妙对接，有效提升学生的写作能力。

◎ 第五章　思维的交流 ◎

　　语文学科与 STEM 学科的深度融合，能提升学生的语文素养，激发学生的学习兴趣，从而构建高效课堂。我们选择语文学科与 STEM 学科融合，作为深化课程改革的切入点，目的是培养学生解决问题、批判质疑、理性思维、团队合作、勇于探究和运用技术的学习素养。小学语文学科如何与 STEM 学科深度融合，从而建构高效课堂呢？本章谈谈我们的做法。

第一节　与数学课程有效整合，凸显语文课堂有效性

《义务教育语文课程标准》中多次强调要注重语文与其他学科的融合，语文与学生生活实际的融合，在生活和实践中学习和运用语言文字。而 STEAM 教育更是强调学生的过程性体验，强调学生多参与实践活动，多开展探究式学习活动，注重学生的过程性习得，而不是一味地追求结果。

在语文课文《詹天佑》学习过程中，我先让学生进行快速阅读，画出关键词或重要语句，让学生对整篇文章内容有一个概括性了解。然后，我适时提问："同学们，詹天佑是怎样完成设计线路的任务的？"学生求知的欲望被激发，随后让学生采用小组合作探究的方式来深入学习课文。学生加入自己喜欢的小组，用自己喜欢的方式探究。这样就打破了传统的独立思考模式，创立出一种师生之间、生生之间的情感和兴趣交流的双向或多向互动的新格局。

在完成重点课程教学任务后，我适当融合数学元素进行下一步教学，根据文章内容出示一道数学题："詹天佑用了多长时间设计了'人字形'线路？比预期提前了多长时间？"在很短的时间内，大部分学生便给出了问题答案，"老师，詹天佑比预期提前了 565 天"，这一数据体现了詹天佑杰出的才干，伟大的精神。在学生的思维正处于兴奋状态时，我接着问："那同学们，你们能把詹天佑的'人字形'铁路画一画吗？"学生来了兴趣，纷纷画起了几何图形。之后，我让学生当小导游，介绍自己实际操作演示火车走人字形线路的原理。在学生掌握了方法后，我再引导学生继续探讨："同学们，你们能发挥想象思考，还有别的办法让火车攻克青龙桥地势的坡度吗？"

一石激起千层浪，同学们三个一群，五个一伙地设计起来。学生根据已有的知识，动手摆学具模型，巧手画别样的线路。看，有的设计出"螺旋形线路"；有的画"之字形线路"；甚至有的学生逆向思维，创造出"折回线路"……我把学生的设计方案与詹天佑设计的"人字形"线路做比较，学生发现自己设计的方案可行性都不足，因为车身太长，不利于安全行驶，从而深刻感受到詹天佑的杰出才干和聪明才智。由此可见，数学与语文学科深度融合，既活跃了

课堂气氛，丰富了学生的语言，又增加了教师与学生之间的交流互动，为打造高效课堂提供了有效途径。

第二节　与美术课程有效整合，提高语文课堂灵动性

教学永远是一门"教在今天，用在明天"的艺术，教师要从单纯直接传播知识转变为引导学生自主获取知识，利用媒体搜集、分析、运用学习资料，让学生掌握"会学"的本领，从而形成教学的高效率和传播知识的高密度。实践表明，语文与美术课程的有效整合，可以提高语文的课堂教学效率。例如，我在古诗《村晚》的教学中，首先让学生解诗题、知诗人、明诗意。然后，我点燃学生想象的翅膀："同学们，你们能发挥想象把诗中的画面画下来吗？"学生一下子来了兴趣，纷纷做起小画家。一幅幅生动有趣的儿童画跃然纸上。这不就是古人说的"诗中有画，画中有诗"的意境吗？儿童天生喜欢涂鸦，这是出自儿童自身生理需要而产生的一种心理需要。他们把画画看成是一种游戏，常常乐此不疲。儿童的创造力与想象力得以自由发挥，这样的课堂怎会不灵动？！

第三节　与科学课程有效整合，激发学生的兴趣

科学即创造，语文课堂上，我们创设有助于学生主动学习的问题情境，引导学生通过探究学习，获得科学基础知识和技能，不断提高探究能力。如：在教学《吃虫草》习作课时，一开课，我便激趣导入："大自然千奇百怪，有凶猛的食肉动物，有娇艳美丽的植物，那你们知道有一种植物，它不仅靠雨水阳光来获取养分，还会像小鸟一样捕食昆虫吗？"学生听了，人人睁大了眼睛，充满了好奇。我故意卖了一个关子，故作神秘地说："这是一种吃虫草。"学生听了瞬间来了兴趣，纷纷质疑：吃虫草为什么要吃虫子？吃虫草是怎样捕捉虫

子的？吃虫的植物靠什么来吸引小虫子？同学们的头脑里出现了十万个为什么。我又卖了一个关子，说："老师也不清楚，你们能自己找到答案吗？"于是，学生组成不同的研究小组开展探究之旅，有的小组利用网络查询；有的小组到学校图书馆查找知识点；有的小组自发到植物园里找到吃虫草进行观察；有的还找到了吃虫草的图片。经过一个星期的调查，学生对吃虫草的形状、美感、颜色等有了更为直观的了解，终于揭开了吃虫草的奥秘，并写出了上千字的研究报告。这种学习方式的改变，激发了学生的探究欲望，培养了学生发现问题、解决问题的能力。

第四节　与信息技术课程整合，增强学生的想象力

　　语文特级教师于漪老师说："课堂不是教师演讲的地方，而是学生学习的地方，教师指导、点拨，让学生做学习的主人。"因此，课堂中更应注重让学生自己去读教材，查阅资料，让学生真正掌握学习的自主权，提高学习语文的效率。我认为加强信息技术与语文学科的整合无疑是一条双赢之路：可以让学生自己动手查找资料，自己探索、解惑、创新；合作研讨，共享成功。运用现代教育技术辅助语文教学，把多媒体引入课堂，使抽象的化为形象的，静态的变为动态的，使"黑白"世界变得有声有色。语文课堂学习内容情景交融，授课教师妙语连珠，加上多种媒体出奇制胜，使得教学变得生动活泼，多姿多彩。例如，在学习"生活中的传统文化"时，我提前要求学生搜集能体现传统文化的物品，包括传统手工艺品、传统小吃、书法、绘画作品等，以年级为单位组织了一次大型展览，并要求每个学生为自己的展品写一份介绍。在这样的活动中，学生全身心地参与，而且对其中的历史、风俗、民间工艺等有了更多的了解，这样就突出了主题教学的自主性、综合性。

　　再如，为了激发学生的写作兴趣，我在班级建立了"电子作文本"，要同学写《那一刻，我长大了》。学生交来作品后，我将优秀的作品全部在网络上保存或发布到网络"博客"。孩子们看到自己的佳作，高兴极了，写作趣味更

浓厚了。

　　STEM 学科与语文学科整合，可以拓宽学生眼界，扩大学习应用范围，给语文教学带来了新的生机与活力，必将使其在前行的路上越走越好，STEM 的融入让语文课堂更加精彩。

◎ 第六章　思维花园 ◎

　　《义务教育语文课程标准（2011 年版）》在"课程目标与内容"中明确指出："语文教学应在发展语言能力的同时，发展思维能力。"著名心理学家皮亚杰认为，认知（思维）决定语言，而不是语言决定认知。可见，培养小学生思维能力是非常重要的。小学阶段是小学生语言和思维发展的关键时期。用语言发展思维是语文学科最有效的方法之一。思维的发展也是智力的发展，对培养学生健全的人格，培养全面发展的创新人才具有重要意义。广东省江晓明名师工作室开展了以"促进小学生语文创新思维力提升的研究"为主题的课题实验研究，2020 年 7 月顺利结题，现将成果呈现给大家，以便进一步探讨研究。

第一节　识字教学与思维训练的整合应用

《义务教育语文课程标准》（2011版）指出，识字和写字是阅读和写作的根基。由此可知，在识字教学中，教师应引导学生真正了解每个字的发音和含义，打好识字基础，注重量的积累，从而达到口语认知到书面语言认知的质的飞跃。

一、识字教学与思维训练整合应用的意义

（一）通过联想思维，让每一个字"活"起来

如果识字教学缺乏思维训练，那么它就像一口池塘，缺少活水的滋润，终将会一年年淤塞，慢慢地被青苔铺满，又让芦苇遮掩，最后完全枯干；反之，如果能够加强思维训练，那么就会有源头活水，永远奔流不息。

基于此，思维训练要求识字教学不能一板一眼地讲解字的结构和部首等知识，而是通过字的联想意义，帮助学生明白识字不是一件枯燥的事情，从而跳出死记硬背的条条框框，使自身形成对识字的思维认知和迁移运用。

例如，统编版语文三年级下册《赵州桥》一课，关于"济"字的学习：首先，通过读音"jì"进而联想到"计"；其次，进一步分析讲解这两个字的含义，"济"的意思是"过河"，所以是三点水旁；"计"的意思是"主意"，所以是言字旁。以上是通过相似读音而进行构建的思维认知。

增强联想思维训练，不但能够推动学生思维品质的全面发展，而且能够促进学生的知识迁移与运用。

（二）从不同角度感受汉字文化的魅力

中华文化源远流长、博大精深，其中，汉字文化占据了重要位置。汉字在千百年的历史沉淀中，以其不同形态包罗万象，释放美感。无论是四四方方，还是外润内圆，都能够让世人感受其脱俗的灵性。因此，基于汉字本身具有的灵性，教师在识字教学中尝试变换多种视角，引导学生发散思维，为学习汉字、感受文化魅力打下坚实基础。

例如：学习"惠"和"慧"（分别出自三年级下册第一课和第十一课），这两个字虽然读音相同，但在字形和字义上却大相径庭。"惠"的字义是好处；"慧"的字义是聪明，有才智。教师在教学这两个字的时候，需要引导学生从不同角度、有目的地观察这两个字，才能真正领悟这两个字的精妙之处，而思维训练正是观察和学习这两个字的沟通桥梁。

（三）联系生活实际，学以致用

识字教学的重要任务，除了认读、识记以外还有更重要的一项就是"会用"，即将学过的生字运用到自己的学习和生活中。如果缺少思维训练，学生就会不明义理，不懂得将所学汉字与实际生活相联系。这样的识字教学终究缺少灵魂，对学生来说是没有多大益处的。

二、识字教学与思维训练整合应用的误区

培养学生的口头表达能力和书面表达能力是语文教学的要求之一。而识字教学是表现语文教学工具性的一个重要特征，也就不可避免地侧重学习平实的、合乎逻辑的读写能力，以致很多教师忽略了识字本身带有浓浓的人文味，缺少思维整合，就无法进一步感受汉字的精妙，无法达到语文教学工具性和人文性的相统一，从而产生以下误区。

（一）没有利用教材本身来调动学生的主观能动性和情感共鸣

从目前的教学情况来看，大部分的识字教学，为了赶上教学进度，并没有将识字融入教材当中去理解，反而是将其与教材割裂，形成了没有关联和衔接的板块教学，即讲完一个是一个，认为只要学生会认识这个字，会写这个字便可，殊不知这样已经脱离了识字教学的人文性，不利于学生在识字认字的基础上感知课文，导致学生无法产生情感共鸣，无法在感知课文的基础上对所学的字举一反三。这归根究底是因为没有将思维训练落实到识字教学中，所以没有成功地调动学生识字的积极性。

例如，在教学三年级下册第一课的"融"字时，首先学习"融"字的笔顺，教师重点指出很多同学容易将左边"同"字框多写一横，此处可以加强思维训练整合能力，比如，在教学课件上列出"隔"和"嗝"等形近字，以此引

导学生正确书写；接着给学生讲解组词，对于三年级的学生来说，他们的识字和组词能力有了一定的提高，能够给"融"字组词为"消融"和"融化"；最后，一定要将"融"字的字义回归到教材当中，课文原句是"泥融飞燕子"，学生会误解为"泥土融化"的意思，教师要结合课文特定的语境，引导学生发挥想象力，指出在现实生活中，一般不说泥土融化，再结合课文讲的是春天的情景，所以应该是春天到了，万物复苏，泥土变得湿软了，飞翔的燕子衔着湿泥忙着筑巢。

以上教学既能够吸引学生识字的兴趣，又不会脱离教材本身。

（二）没有结合教师的情感来增强学生的情感体验

教师和学生都是独立的个体，都有着丰富的情感体验。对学生来说，教师的情感就像导体，因此，教师要善于将自己对识字的感受和情感体验传导给学生。例如，学习《一幅名扬中外的画》课文中的"贩"字，教师首先列出"语文百宝箱"：贝字旁的字，一般都和钱币财富有关；接下来讲解"贩"字的读音和字义，教师可以说说自己的思维联想，猜测"贩"字与买卖物品有关；最后告知学生确切的含义。

学生在这循序渐进的情感体验中，加深对所学汉字的理解。

（三）忽视了对学生求异思维的培养

求异思维不是古板的标新立异，而是既要允许不同思想火花的碰撞，还要勇于打破思维定式。虽然每一个汉字都有固定的结构、部首及其字义等，但是在认识汉字的过程中，需要广阔的想象空间，只有不同思路相继产生，才能证实识字的趣味性。

例如，在学习三年级上册第一课的"飘"字时，可以用"加一加"的方法进行识记：票+风=飘。在教学实践的过程中，有学生指出，是因为有风才能够飘起来，这时候提出来的想法是难能可贵的，正是求异思维的催化剂。在此基础上，会有越来越多的学生受到启发，说出更多不同的识记方法，比如，能被风吹起来说明它是轻飘飘的。如此一来，识字便促进了学生对字词的理解和辨析。

三、识字教学与思维训练整合应用的模式

在识字教学过程中，教师往往会发现一种普遍的现象，即有些学生兴致勃勃，热情高涨；有些学生则感到索然无味，生硬无聊。这主要是因为他们的思维训练的程度不同，有些学生能够充分调动自己的感官，用心用脑，因此能够感到收获知识的快乐；而有些学生在教学的过程中只动了眼和嘴，没有动脑筋，对他们来说，阅读过程便显得无趣。

教师如果想打破这种尴尬的局面，可以将思维导图应用到识字教学中，引导学生对所学的字进行相应的联想与思考，充分调动自己的思维神经，获得更加深刻的阅读认知。基于此，下面提出思维训练的三种模式。

（一）目标性和指定性思维训练

思维训练有一定的目标性和指定性，并不是没有目的地随意想象。例如，学习三年级下册第三课《荷花》中的"蓬"字，教师需要为学生提前创造拓展思维想象的空间，在板书上突出"蓬"是草字头，与草本植物有关；接着给出形近字"篷"，引导学生分析其部首是竹字头。部分学生会说出"篷"与竹子有关，这种说法虽然不够准确，但是为识字教学的举一反三做好了铺垫。教师应该及时调动学生特定的思维想象能力，帮助学生辨析"蓬"和"篷"：由两个字的部首联想到与之相关的字义，进而学会组词，使学生明白生字在课文里的含义。

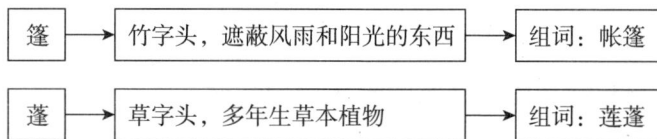

| 篷 | → | 竹字头，遮蔽风雨和阳光的东西 | → | 组词：帐篷 |
| 蓬 | → | 草字头，多年生草本植物 | → | 组词：莲蓬 |

（二）思维导图想象训练

在小学的识字教学过程中，教师应当考虑怎样激发学生对于阅读的兴趣，启发他们真正积极主动地投入到识字和阅读中，而不是敷衍了事、随意应付。

例如，学习三年级下册《守株待兔》一课，将"守、株、待、宋、耕"等生字融入课文教学的思维训练中，利用思维导图的模式，既拓宽了学生的思维想象空间，又便于学生理清课文思路，将所学生字迁移运用到其他生活情境当中。

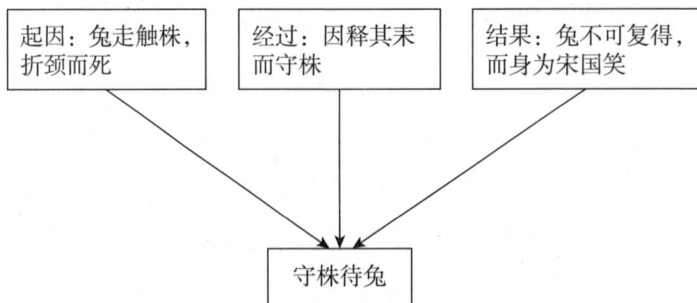

（三）探究式思维训练

探究式思维训练，又可以称为纠错式思维整合，重点是发挥团队协作精神，利用二次教学的优点，让学生在识字中开辟汉字学习的新天地。例如：教学《陶罐和铁罐》中的"傲"字和"谦"字，教师首先引导学生在米字格里写出这两个字，再让他们在小组里进行讨论交流，看看是否写得正确。教师巡视指导，最后可以投影书写优秀的作品，对学生易错写的笔画进行重点指导。

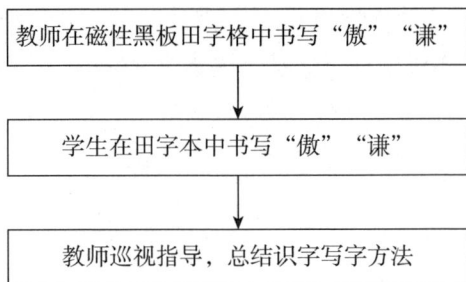

四、识字教学与思维训练整合应用的策略

（一）以思维导图为教学载体融入拼音汉字教学

在小学阶段的教学中，学生在课堂上很难集中注意力，做到全神贯注，因此，语文教师首先要将学生的注意力牢牢抓住，将其吸引到课堂上的互动中，而思维导图的灵活运用就是重要且有效的方法。

例如，在教学《鹿角和鹿腿》一课时，学习"鹿""狮""追"字，有同学主动提出用思维导图画出鹿和狮子发生的故事。由此可知，思维导图是识字教学的重要纽带，帮助学生产生了一系列的联想与思考，获得了对识字的更高层次的认知。

（二）以识字为基石，以课文为桥梁，在生活中应用

识字教学不能浮于表面，其最终目的应该是能够联系生活实际，并且进行迁移运用，这是语文教学工具性和人文性相统一的体现。在教学过程中，教师不能脱离教材课文指导学生进行识字，应突破课文的界限，通过课文使学生深刻体会汉字在生活中的意义。

例如，在学习三年级下册语文园地三的"识字加油站"时，教师应该重点引导学生回忆生活中与"税务局""档案馆""阅览室"相关的标示牌和场景，以认识汉字在生活中的意义。

综上所述，识字教学离不开思维训练，必须与实际生活相联系，由此拓宽识字与思维的迁移运用。

第二节　童话教学与思维训练的整合应用

一、童话教学与思维训练整合应用的意义

（一）创造性思维推动童话教学实现双倍教学效益

低年级儿童的理性思维偏弱，现实感比较缺乏，而童话作品恰恰打破了日常生活中各种局限和羁绊，顺应了儿童的心理特点和爱幻想的天性。儿童特有的思维想象能力，能够为童话教学提供更灵活、更广阔的教学载体，从而实现通过一种思维训练和一份丰富联想产生双倍效果的童话教学。简而言之，这不仅呵护了童心，调动了儿童的学习积极性，也促进了将思维训练融入童话教学的实践发展。

例如，《卖火柴的小女孩》这篇童话课文里有这样一段话："她不敢回家，因为她没卖掉一根火柴，没挣到一个钱，爸爸一定会打她的。再说，家里跟街上一样冷。"当读到这段话时，有学生提出自己的疑问："老师，小女孩的妈妈在哪里呢？是不是被她爸爸打死了，或者冻死了呢？"毫无疑问，儿童

的想象力具有无限空间，往往出乎意料。对于学生提出的这个问题，教师不应该狠心打断，而应该想办法以此为课文学习的触发器，帮助学生回归文本思考。教师可以回答："童话的重要特点是想象，你这个问题给大家提供了学习的好榜样，值得思考。如果按照你说的，小女孩的妈妈是被打死或者冻死的，那么更能看出小女孩的可怜无助，所以她不敢回家，才会发生后面的悲剧。"

由此一来，鼓励思考和勇于求证必将会激发更多学生投入到文本学习当中，因此，不要小看创造性思维给童话教学带来的双倍效益。

（二）童话自身特点催生了创造性思维的培养

童话以鲜明的人物形象、生动的故事情节、通俗晓畅的语言、精辟的修辞手法、自由丰富的幻想成为培养儿童创造性思维能力的最佳素材。

例如，教学三年级上册《在牛肚子里旅行》，教师可以从课题出发，提出："旅行是什么意思？""能够在牛肚子里旅行不被消化，这真有意思！""是谁在牛肚子里旅行？"仅仅从课题展开思考，就已经产生了无限遐想。

童话最大的特点是想象力丰富，通过课文朗读，以及对童话中人物形象的深入了解，学生可以感知其生动的故事情节。正如《在牛肚子里旅行》中，蟋蟀青头和红头一起玩捉迷藏，红头不小心被牛吞进肚子里，教师可以引导学生通过角色朗读，体会红头害怕紧张的心情，同时理解青头在危难时刻也能够保持冷静，努力安慰朋友红头的形象。在"角色朗读＋品味形象"的过程中，学生可以体会童话语言丰富的特点，用语言敲打心灵，从而促进想象力的发展。

二、童话教学与思维训练整合应用的误区

（一）没有处理好教学重难点，过于强调道德教化和思想

童话不同于一般的记叙文，有其自身的特点，而童话教学承载了儿童学习语文知识和放飞想象空间的需要。因此，教师不能用成人的眼光对儿童灌输童话中的思想，而应该引导学生通过主动朗读、自主探究，获得真善美的感受。只有这样，教师才能真正走入儿童的内心世界，了解儿童学习知识的兴趣

和心理发展的需要。

例如，在教学《在牛肚子里旅行》一课时，教师不能花太多时间用于画红头的旅行路线图（可以将其作为课后作业），理应侧重于通过文本朗读理解人物形象，感知故事情节。

（二）忽视了文本朗读

学生理解童话故事的内核，并不是通过教师讲授而学会的，而是通过近距离接触文本，用口朗读，用脑精读，用心细读，通过自主探究获得美的体验。

例如，《总也倒不了的老屋》一课中，老屋在面对小猫、老母鸡和小蜘蛛的请求时，老屋的表情尽管有些变化，但语气都是温和的，教师应该引导学生通过朗读体会老屋的语气和心情，从而感受老屋"善良热心、乐于助人"的形象。

（三）追求表演化，浮于表面

童话故事以其生动丰富的语言，为学生带来有冲击力的画面感，从而使其对跌宕起伏的故事念念不忘，进一步增强学生的表演欲望。在教学的过程中，每当有角色朗读，或者表演故事情节这些教学环节的时候，学生都显得异常兴奋。这在一定程度上调动了学生学习的积极性，但是有时候会与童话教学的初衷背道而驰，即追求表演化，忽视了对文本语言的精读和品味。

因此，童话教学要侧重于朗读对话和品味语言，不能因追求一时的热情高涨，而忽视了将童话教学的创造性思维融入文本学习当中。

三、童话教学与思维训练整合应用的模式

基于知识和技能的外显化，以及素养和自由学习意志的内隐化，提出如下童话教学和创造性思维训练的模式。

（一）人际交往式教学

童话教学离不开各种互动。只有通过教师与学生互动、学生之间互动、学生与文本互动，才能使学生逐步领悟童话带来的情感体验，因此，教师需要以互动为基础进行人际交往式教学。

例如，在教学《那一定会很好》这一童话故事时，教师可以当旁白，让不同学生朗读"种子"在不同时期的不同状态独白，师生共同走进文本，感受"种子"的"传奇一生"，领悟人生的不同选择会有不一样的精彩纷呈。

（二）立体课堂教学

教师在童话教学中应立足于使学生进入文本角色，思考提问，方能推动学生的交流，帮助学生学会倾听不一样的心声，转化为自我思考，学会表达不一样的观点。

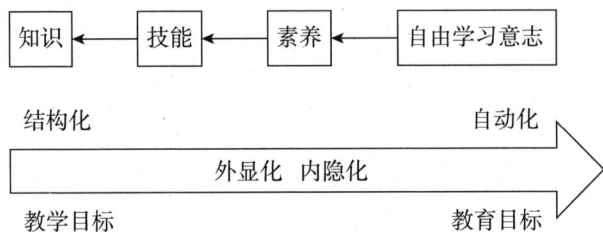

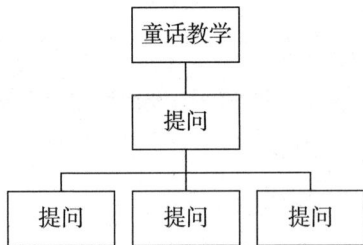

四、童话教学与思维训练整合应用的策略

教师在童话教学中应拓宽学生思维想象空间，培养学生的创造性思维，具体策略有如下几种。

（一）读童话——边读边想象

朗读方式是多样的，教师可以通过教师范读、小组互读和学生自读等多种朗读方式，引导学生一步步地走进文本，在朗读的过程中，创造出合乎情理又出乎意料的情境，再充分利用小组讨论融入多元化的思想，最后进行指导总结。

例如，在教学《小狗学叫》时，学生边读边预测小狗接下来要学的叫声，先保留原来的臆想，再通过文本证明，这体现了对创造性思维的培养。

（二）画童话——以画促理解

"幻想是童话的基本特征，教师引导学生畅游在这样奇特的世界里，那么，孩子那丰富的想象力、奇特的创新思维就一定会在潜移默化中得到培养与激发。"

例如，在教学《在牛肚子里旅行》一课时，教师引导学生画出红头在牛肚子里旅行的路线图，不仅能够使学生加深对课文的印象，还能通过实际操作理解"牛胃"的生理结构，以此调动学生的创造性思维。

（三）编童话——悟生活实际

教师引导学生通过续编、补编和改编等多种编写童话的方式，帮助学生对童话进行更深层次的探索，以此发展学生的语言表达力、想象力和思维力。

例如，课文《胡萝卜先生的长胡子》没有给出结尾，给学生留下了无限的想象空间，学生可以在广阔的童话天空中遨游，收获不一样的知识体验。

综上所述，给创造性思维留足通道，就能为学生的想象喷薄提供出口，从而丰富童话阅读与教学。

第三节　古诗词教学与思维训练的整合应用

一、古诗词教学与思维训练整合应用的意义

（一）提示写作背景，训练思维的灵敏性

对于小学阶段的学生来说，阅读诗歌时，常常会对作者表达的思想情感而感到困惑。例如，学习苏轼的《赠刘景文》一诗，学生对这首诗的主题把握得不准确，有部分学生认为此诗表达了诗人对友人刘景文的依依惜别之情。针对这种情况，教师需要提示学生注意写作背景，苏轼感慨刘景文人生坎坷，应当时景色作此诗。

教师引导学生将古诗与故事背景相联系，学生便能慢慢地意识到诗人通过荷花与菊花的对比，勉励好友乐观向上。

在庞大的知识体系下，语文教师应从小学开始渗透古诗词背景知识，帮助学生构建古诗词常识的知识网络体系。由此一来，那些看似漫无目的的联想，将会拥有强有力的翅膀，能够在广阔精奥的知识宇宙中起飞。不仅如此，思维的触角也能四处开花、触类旁通，从而达到与作者心神契合的审美境界。

（二）探讨诗词意境，训练思维的发散性

叶圣陶先生说过："作者胸有情，入境始与亲。"也就是说，教师要引导学生在思维训练中"入境"，方能帮助学生更好地理解诗意，领悟诗情。例如，在教学三年级下册杜甫的《绝句》时，教师先引导学生分析"迟日""春风""泥融""鸳鸯"等词语感知意象；再通过有机组合，构成鲜明的整体意境；最后学生发散思维，对情境中的"留白"进行"描画"，获得独特的诗词审美感受，从而以多向思维或辐射思维学习古诗词，达到事半功倍的效果。

（三）理解诗人情感，训练思维的独特性

在引导学生进入诗词意境的基础上，教师应调动学生的感官，设身处地地体验诗人情感。例如，在教学杜牧的《山行》时，教师可以设置如下问题：假如你是诗人杜牧，在山中行走时会怎么想呢？你会停下车来吗？教师应该迅速抓住提问契机，做到因势利导，启迪学生思维，训练学生想象的独特性，以提高学生对古诗词的鉴赏能力。

二、古诗词教学与思维训练整合应用的误区

（一）忽视了语感的培养，教学环节一成不变

在传统的教学中，古诗词教学一般是按照以下环节进行：教师讲解—学生识记—熟读成诵。这样的教学思路非但没有真正激发学生的语感潜能，反而导致部分学生对诗词学习产生误解，固化了诗词僵硬枯燥的思想，不利于学生产生鲜活体验。怎样避免这个误区呢？以教学叶绍翁的《夜书所见》为例，教师可以先由学生熟知的《静夜思》一诗导入。

1.出示李白画像图片

师：同学们，看到诗人李白的画像，你们想起了哪首诗呢？

2. 指一名学生背诵《静夜思》

师：李白思念谁呢？他是因为看到什么想起了故乡呢？

3. 让我们带着思念，再次朗读这首诗

今天我们要学习另外一首关于思亲想家的古诗——《夜书所见》。（板书课题）

以上教学设计，不仅能够跳出一味灌输诗词大意的条条框框，还能促使学生自主朗读诗词，进而透过文本探寻诗情。

（二）背离学生认知规律，强求理解一步到位

小学生的阅历尚浅，对日常生活中的现象仍然缺少系统的认知，因此，很难对诗人所表达的"意境情"产生共鸣，对诗意美也有理解上的隔阂。部分教师往往过于心急，想要一蹴而就，要求学生通过识记诗词大意来学习这首诗。这违背了学生的认知规律，忽视了品味诗词语言的中间过程，以致诗词变得索然无味。

要想打破这个误区，教师应该尽量让学生发表自己的不同见解，尊重学生的看法和感悟，给学生充分思考的机会。

三、古诗词教学与思维训练整合应用的模式

结合古诗词教学的思维训练，提出以下教学模式："激趣—审美—入情—迁移"四模式，其中"意境情"赏析始终贯穿于四模式的思维训练中。

例如，教学曾几的《三衢道中》一诗。

（一）创设情境，激趣导入

本节课让我们成为一名游客，跟随诗人曾几游览三衢，记下自己的见闻感受。

在导入中转变思维模式，引导学生发挥想象，将自己融入诗人的游览路线中，不仅可以激发学生学习古诗的兴趣，而且增强了学生的思维训练。

（二）诵读古诗，诗意审美

师：将自己在旅游中看到的景象列出来。

由此引导学生初步感知文本中提到的物象，再发散思维对词语意义重新进行排列组合，通过诵读感悟诗意，获得独特的美的感受。比如，教师提问：

"后两句诗中，诗人是如何通过山路的绿荫、黄鹂的鸣叫这些平常的景物来表现诗意美的？"学生在发散思维的过程中，再结合诗意，就不难发现诗句中视觉和听觉上的双重美感。

（三）入境入情，设疑悟情

随着学生对诗词的深入了解，教师应引导学生从意境上体验诗情。正所谓"诗中有画，画中有诗"。教师引导学生根据诗意和诗境画一幅诗人的游览路线图，来感受诗人行走山间的愉悦心情。

（四）总结全诗，迁移运用

教师引导学生识记"梅子黄时"的景象，将其运用到自己的写作中，比如运用古诗典故等，丰富内涵。

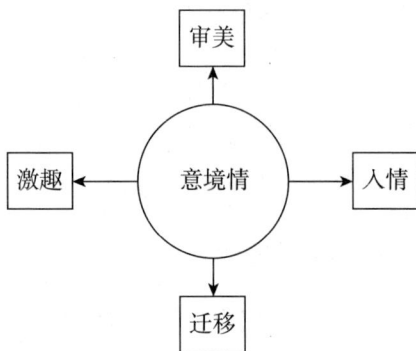

四、古诗词教学与思维训练整合应用的策略

（一）对比思维

在小学阶段的古诗词学习中，往往是三首诗并列在同一课进行学习，因此，对比观照不同类型的诗，能够让学生的思维训练获得飞跃进步。例如，在教学《绝句》《惠崇春江晚景》《三衢道中》时，教师引导学生思考三首诗的异同点，可以分别从描写的画面、描绘的季节、表达的情感来分析。

古诗	画面	季节	情感
《绝句》	生机勃勃，欣欣向荣	春季	热爱春天，热爱大自然
《惠崇春江晚景》	色彩明丽，景色静雅	春季	热爱大自然
《三衢道中》	天气晴朗，景色宜人	夏季	轻松愉悦

这样对比，能够更好地拓宽学生的知识面。而思维训练是纽带，成为知识整合应用的沟通桥梁。

（二）求异思维

求异思维是创新思维的重要形式，它的特点是多向、灵活、变化的。"它往往以问题作为发散点，能够通过已知的领域，搜索更大的空间，从而培养学生的思维能力，获取新的知识。"

例如，在教学《惠崇春江晚景》时，有学生提出问题："老师，苏轼是吃过河豚吗？他怎么知道河豚肉味鲜美有毒呢？"也许有教师认为这与古诗主题脱离联系，于是出现"选择性失聪"，不予回答。但其实这正是求异思维的体现，从侧面提醒教师需要不断更新自己的知识储备，变换多种视角去教学，成为真正意义上的"引路人"。

（三）补白思维

补白思维是对诗歌中的画面、形象进行巧妙的补白，在补白过程中调动学生思维的活性，提升学生艺术创造力，从而促进学生诗性思维发展的想象力。例如，白居易的《忆江南》一诗中写道："日出江花红胜火，春来江水绿如蓝。"纵观全诗，江南的风景只是重点提到了鲜花被太阳照得比火红，江水比蓝草绿，没有细致描绘其他秀丽景色，留有广阔的想象空间。教师可以通过"能不忆江南"一句启发学生调动思维能力，想象美丽的水乡画面，比如江南小巷、江南园林等等，为诗意美补白。

综上所述，古诗词教学应拓展诗性思维训练，引导学生与诗歌进行对话，走进作者的内心世界，融入诗歌独特的意境当中，让诗性思维训练得到最大程度的释放空间，推动学生进行艺术再创造，提升学生的个人综合能力。

古诗词是一种妙不可言的艺术，只有想象力、创造力和思维力得到不同程度的提升，才能促进学生由表及里，充分发掘古诗词的审美价值和文化价值，从而冲破书本的束缚，看到更广阔的人生。

第四节　散文教学与思维训练的整合应用

一、散文教学在小学语文教学中的意义

小学语文这一科目的教学内容十分丰富，阅读是语文十分重要的一个教学内容，而散文又是语文阅读教学的重要组成部分之一。所以小学语文教师要能够在结构巧妙、语言优美的散文教学中，培养小学生的阅读理解能力、写作能力、想象力、创造力和情感节操。促使小学生各项学习能力的协同进步和发展，促进小学生综合素养的全面发展和提高。

二、散文教学在小学语文教学中的误区

（一）以教代学

当前小学语文教材选择的散文内容都比较浅显，并且在解读文本的时候，教师一般都会在意学生是否看得懂，然后习惯性地给学生逐字逐句地解释。但这样讲解的后果就是，教师上课讲得津津有味，而学生根本无心听讲。这就是以教代学的一种表现。所以笔者认为，语文教师就应该让学生自主地进行学习，然后探求散文的主要内涵。教师如果在教学的过程中发现当前学生缺乏一定的学习能力，那么只需要发挥出教师的引导作用即可，主要还是需要让学生自主地进行学习和研究，这样才能形成自己的学习认知。

（二）以诵代解

散文最主要的特点就是其情意悠长，所以对学生进行趣味性的引导非常重要。对于挖掘学生的情韵，有的教师会让学生反复地阅读课本，认为这样就可以达到挖掘学生情韵的效果。虽然从某一个角度来看，反复阅读确实可以达到一定的效果，但是当前学生的能力比较有限，如果一直反复地阅读并不能感受到其中的情韵，这时候就需要教师的引导了。

（三）以讲代练

散文讲究的是意境，这是当前散文教学中尤其需要关注的地方。学生能否感知散文的意境，这就需要教师引导学生进行一系列的训练，这样才可以有效地达到一定的学习效果。

（四）以论代思

在整个散文教学之中，我们需要对作者本身的情绪进行探索，在这个过程中会涉及其情志的问题。作者的大部分情感通过景和物来表达，这也是散文教学之中最需要把握的一种写作手法。

三、散文教学在小学语文教学中的准备

（一）根据散文的体式特点确定教学内容，是散文有效教学的前提

虽然当前有关于散文的题材非常多，其内容的种类也比较多，但是都有着一定的形式和特点。一是从文笔的角度上来讲，当前散文主要是自由和宽松这两个特点，散文本身不存在押韵或者是分行这两个限制，也不需要有严密的思维以及情节体系；二是散文不是实用性的文章，主要是抒发当前作者的思想，所以它是一个审美的概念；三是散文之中也会有议论的存在。

（二）设计简明、厚实的课堂教学内容，是散文有效教学的保证

余映潮是一名特级教师，他指出应该把教学的课堂程序进行简化，并且还需要对课堂的教学内容进行简化，这两者都是非常重要的。而当前的课堂教学，过程非常复杂，内容也比较多。在 40 分钟的一节语文课之中，教学内容出现了十几个，这就导致整个课堂的教学速度降低，学生的收获也较小。

（三）掌握学生的学情，是散文有效教学的重要依据

著名的教育学家叶圣陶说过："知识不能凭空得到，习惯不能凭空养成。必须有所凭借。那凭借就是国文教本。国文教本中排列着一篇篇的文章，使学生试着去理解，理解不了的由教师给予帮助。"所以掌握学生的学情，是散文有效教学的重要依据。

四、散文教学与思维训练整合应用的策略

教学内容不相同，其教学策略也需要做出相对应的改变。对于统编语文教材的单元而言，其编排需要按照语文的要素进行落实，然后在单篇课文教学之中，围绕单元主题，对目标进行优化，实现主体和内容的设计。

（一）做好散文类课文阅读的创新教育

教师应加强散文阅读的课堂氛围，通过创新教育的方式激发学生对散文阅读的兴趣。创新意味着有别于传统课堂的学习模式和学习氛围。在进行散文阅读之前，教师可以先行引导学生了解散文这类文体的特点，可以搜集十篇篇幅较短的散文提供给学生阅读；在学生阅读完后，向他们提问"读散文是什么感觉""用几个词语来形容散文""你喜欢散文吗"等问题。在完成这个环节后，教师就可以进行正式的散文阅读教学，可以先不阅读具体的内容，而是让学生先阅读题目，并且根据题目进行思考，回答如果是自己撰写，会以怎样的散文风格和形式完成这篇文章。这些思考的过程，可以让学生更深入地了解散文阅读的内容，思考的过程其实就是发掘兴趣的过程，同时也是沉浸的过程。

（二）侧重审美教育的培养

通过创新课堂引导学生对散文的思考以及完成初步散文写作后，学生对于散文这类文体已经有了初步的印象和了解。这时教师就可以进行审美能力和鉴赏能力的培养。散文文体虽然不具备情节性和趣味性，但它的特点在于语句优美、写作风格灵活多变，字里行间透露着情感。这些内涵需要学生在阅读过程中用心品味，同时也进一步学习如何运用有韵味的辞藻抒发最真实的情感。

（三）开发合作阅读模式

互动和合作是活跃课堂氛围、开拓学习思路的重要途径，当学生已经掌握了一定的散文阅读方法和鉴赏能力后，可以让他们通过合作互动的形式进一步激发思维。教师可以让学生自行组成小组进行合作，在小组内对散文的内容、情感、描述手法、表达方式展开讨论；还可以各自发表对于散文内容的评价，说说喜欢的段落和描述。在讨论的过程中，学生们可以透过他人的视角来重新理解散文，通过不同角度和维度了解掌握散文内容，对于散文的理解会更

加深刻。协作的力量是无比强大的，思想的表达和碰撞可以从深层激发学生的思考能力。

五、小结

下面通过具体的教学案例和大家交流。

《月是故乡明》教案

教学目标

（1）会写 16 个生字，并对每个字的读音了解清楚。

（2）可以流利地朗读课文，并对课文进行背诵。

（3）从当前的课本之中了解到学习必须专注，不可以三心二意。

（4）感受散文的特点，激发学生的学习兴趣。

教学重点

体会作者由月亮想到的往事和经历以及所产生的内心感受。

教学难点

通过作者描述的往事、内心产生的感受来体会课文表达的浓浓的思乡情。

教学准备

教师：多媒体课件。

学生：预习课文。

教学课时

1 课时。

教学过程

一、谈话导入，激趣入题

（1）教师：中国的传统习俗讲究安土重迁、落叶归根，所以，中国人都热爱家乡、眷恋家乡。所谓"美不美家乡水，亲不亲故乡人""水是家乡甜，人是故乡亲"，充分表现了人们对故乡、对故人的感情。今天，就让我们来欣赏国学大师季羡林先生写的《月是故乡明》这篇优美的散文。

（板书：月是故乡明）（学生齐读课题）

（2）教师介绍作者。（课件出示简介）

（3）教师：季羡林先生这样一个博学的人，和我们普通人一样，也有故乡情结。由此可知，"眷恋家乡，热爱家乡"是我们共同的情怀。表达这种情怀的诗文古今都有，但各有各的不同，让我们一起来欣赏季羡林先生的这篇《月是故乡明》。

看人看眼睛，读文读题目。我们还是先看文章的题目——月是故乡明。看到这个题目，你能想到什么？（预设：有可能想到主旨是"思念家乡"；有可能想到出处：杜甫的《月夜忆舍弟》；有可能联想到其他诗句："举头望明月，低头思故乡""长安一片月，万户捣衣声""我寄愁心与明月，随君直到夜郎西"……）

（4）释题。

教师：大家知道"月是故乡明"这句诗出自哪里吗？

课件出示：

《月夜忆舍弟》杜甫

戍鼓断人行，边秋一雁声。露从今夜白，月是故乡明。

有弟皆分散，无家问死生。寄书长不达，况乃未休兵。

在这首诗中，作者杜甫表达了对战争中的家乡和亲人强烈的担忧与思念，季羡林老先生撷取里面的"月是故乡明"一句表达的也是对家乡的思念，只是背景不同。

二、初读课文，整体感知

（1）教师：季羡林老先生已然功成名就，为什么还念念不忘那个小村庄？下面，就让我们走进这篇散文，走进季老的内心世界。

（2）自学要求：轻声地读课文，要求读准字音，读通句子，同时请把你认为优美的语句做上标记。

（3）认读生字词。

课件出示：

徘徊　浩渺　篝火　萌动　澄澈　旖旎　瑞士　莱蒙湖　无边无垠

碧波万顷　巍峨　燕园　点缀

（指名认读、领读、齐读）

（4）教师：下面我们把这些词语带到课文中再读一读。

（指名分段读课文）

（5）现在，我们一起来看看文章哪些段落写得非常优美。

（学生站起来朗读并稍加分析，3~4个人）

（6）教师：我也找了一段，大家看看能不能把空填上？

课件出示：

我曾到过将近三十个国家，看到过许许多多的月亮。在_____的瑞士莱蒙湖上，在_____的非洲大沙漠中，在_____的大海中，在_____的高山上，我都看到过月亮。这些月亮应该说都是_____的，我都非常喜欢。

写得这么好的段落大家应该记住，现在，我们试着不看课本，一起来读一下。

（7）学生齐读。

三、品读课文，理解感悟

1.默读课文，找一找作者由月亮想到了哪些往事和经历，产生了哪些内心感受，有不明白的地方可以提出来。

（1）小组交流。

（2）课文中的哪些段落写作者想到的往事和经历？

（课文的第3、4自然段）

（3）作者在这些段落里描述了哪些有趣的事？请自读课文的第3、4自然段，找一找，并体会一下作者的心情。

（作者主要描写了自己数星星、点篝火、摇知了、看月亮、梦月亮等有趣的事；作者的内心感受可以从文中的"乐此不疲""盼望"等词语中体会出来。）

（4）课文的题目是写故乡的月亮，为什么要写童年的趣事呢？

（因为作者早年离家，童年趣事已深深刻在记忆中，不管走到哪里，都成了他思乡时回忆的内容，而这些趣事，都是发生在月下或跟月亮有关的。）

（5）指导朗读。

（6）教师小结：作者描写了故乡静谧的夜晚、恬淡的明月、童话般美妙的童年，字里行间充满了快乐、欢愉，难怪作者那么怀念故乡的月亮，难怪作者那么热爱自己的故乡！

2.作者"在故乡只待了六年，以后就离乡背井，漂泊天涯"。课文中作者还写到了其他很多地方的月亮。

（1）课件出示：

在这期间……我都非常喜欢。

每逢望夜……就在我的窗外。

①学生齐读这两段话。

②教师：这两段话写了哪些地方的月亮？

（指名回答）

（2）作者除了写故乡的月亮，为什么还要写其他那么多地方的月亮？

①课件出示：对比之下……我永远忘不掉你！（通过对比，更能突出作者对故乡月亮的喜爱，更能表达作者对故乡的深深眷恋，以及对故乡浓浓的思念。）

②齐读句子。

（3）作者为什么把故乡的月亮形容为"小月亮"？

（因为故乡相对于外面的世界是一个小地方，所以说故乡的月亮是"小月亮"，同时也表达了作者对故乡月亮的无限喜爱。）

（4）指导朗读。

（5）教师：哪一处的月亮都不及故乡那平凡的小月亮，看到广阔世界的大月亮，愈发勾起作者的乡思乡愁。正如作者所说："然而，每逢这样的良辰美景，我想到的却仍然是故乡苇坑里的那个平凡的小月亮。"作者是多么想念故乡，想念故乡的月亮，于是他深情地说：

（课件出示）

"月是故乡明，我什么时候能够再看到故乡的月亮啊！"

（学生齐读）

四、总结全文，拓展阅读

（1）教师：作者以"月"为线索，表达了对故乡的思念。乡愁是亘古不变的话题，古诗中有许多表达思乡的名句，大家积累了哪些？

预设：露从今夜白，月是故乡明。——杜甫《月夜忆舍弟》

举头望明月，低头思故乡。——李白《静夜思》

海上生明月，天涯共此时。——张九龄《望月怀远》

……

（2）教师：不仅月亮寄托着人们的思乡之情，还有更多的事物也寄托着人们客居他乡时的思乡情，请你课下搜集相关的诗句，摘抄下来，读一读，背一背。

五、布置作业

（1）抄写词语。

（2）课后熟读课文。

第五节　文言文教学与思维训练的整合应用

一、文言文教学在小学语文教学中的意义

目前，大部分语文教师多把教学重点放在文言文基础知识模块上，但是从本质上分析文言文和现代文学习同为语言学习，语言学习不能停留在认识层面，最终应该达到使用层面。小学阶段就是打基础，主要学习字词。教师应该有意识地引导学生的思维发展，培养学生赏析文言文的能力，把文言文运用到口语表达中，使学生学以致用，才能相互促进。思维导图在课堂的运用给学生提供了使用的途径和方法，其每层级的每一个结点都是一个文言知识点。绘制思维导图是思考和整理知识点的过程，讲解思维导图则是表达的过程，使用思维导图，可以从打基础和重应用两个角度促进学生学习。随着计算机技术的发展，

对教师备课来说，思维导图有众多可使用的软件，便捷高效，在课堂上绘制思维导图简单，对硬件环境要求低，学生用已有的文具就可完成，可实践性强。

二、文言文教学常见误区分析

思维导图在语文教学中的作用得到了很多教育专家和一线教育工作者的认可，但在目前的课堂教学中，思维导图的运用还存在一些不可忽视的问题。

（一）背诵代替阅读

从小学阶段文言文考试题目分析，目前主要有默写、翻译、文言常识、情感赏析等，难度不一，涵盖比较全面，但是教师习惯从难度较低、有固定答案的题目下手讲授文言文，对其他类型题目教得很少。为了应对考试，学生需要背诵课文，但也仅限于背诵考试范围内的篇幅，不会主动阅读更多经典内容，阅读量上不去，文言素养很难提高。教师关于情感赏析类知识的教授，因难度大，使得部分学生会直接放弃学习，最终文言文课堂对学生来说只有背诵，长期如此也导致了学生对文言文学习的厌恶，甚至抵触。

（二）教学模式单一

大部分教师在教授文言文时会形成一个固定的模式，但是教学一直强调因地制宜，好的教学模式不一定适应全班学生。因学生的基础不同、学习习惯不同，教学方式不能原封不动地参考，需要结合学情进行教学设计。课堂形式应该丰富多样，如果文言文课堂只有教师的讲和学生的记，那课堂枯燥无味、学生积极性不高是必然的。除了形式多样，课堂活动应体现学生的主体地位，让学生参与到课堂中。思维导图运用到课堂也是一样，如果只是教师展示，忽略让学生绘制的环节，那思维导图对学生来说就是一张图片，很难起到促进思维发展的作用。所以，教师必须让学生主动画，给学生足够的时间展示，同时也应结合学科特性设计使用思维。

（三）教学目标模糊不清

从小学所处阶段分析，文言文教学的重点在于帮助学生掌握基础知识，文言文教学应以学习文字为主，学习文章、文学、文化为辅。课堂教学不能呈现截断式分化，一部分时间在强调字词，另一部分时间又把文言文翻译为白话文进行赏析。文言词汇和文章内容之间是不能被剥离的，如果课堂被分裂了，教学目标也就变得模糊不清。学习文言字词是理解文章内容的基础，多阅读文章则反向促进对文言文字的理解，两者相辅相成才能促进学生更好地学习。

三、小学文言文教学中运用思维导图的作用

（一）提高学生的学习参与度、主动性

思维导图在课前预习、课堂实践、课后复习均可使用，在这三个环节学生都可自主完成思维导图。思维导图绘制简单，课堂上学生可以用纸、水彩笔、签字笔进行绘制，形式也是灵活多样的，给学生足够的自由度。即使是课堂上的小组活动，每个小组成员也可以根据自己的理解参与思维导图的绘制。相比传统的小组讨论形式，这种形式可以让每位学生都参与，无形中提高了学生的主动性。

（二）提高学生文言文学习兴趣

文言文大部分知识以记忆为主，对学生而言学起来枯燥、难度大，如果课堂形式不具有吸引性，那么整个文言文课堂只有教师在不断地讲，学生在记笔记。而思维导图的使用不仅能激发学生的兴趣，同时在一定程度上还降低了知识点记忆的难度。每个思维导图有一个中心点，由中心向外延伸，符合人体大脑的记忆习惯。教师和学生共同整理出的思维导图层级分明、重点突出，同时能帮助学生形成自己的文言文记忆结构，所以说从一定程度上降低了记忆难度。新颖的教学形式可以激起学生的兴趣，把自己喜欢的元素加到思维导图中，那么绘制思维导图就更具有趣味性。课堂上设计展示、讲解思维导图的活动，可以促进学生的积极性。学生具有一定的"好胜心"，教师可以利用这一点刺激学生的积极性，激发学生对文言文的学习兴趣。

（三）提高学生小组合作能力

通过小组共同绘制思维导图，帮助学生形成良好的合作能力，每个学生都可以在思维导图中展示自己的特点，同时兼容他人的特点。这种能力在学生离开课堂，走进社会同样重要，是对学生技能的培养。

（四）帮助教师整理备课思路

使用思维导图帮助教师梳理备课思路，将繁杂的文言知识点清晰地呈现，同时教师会把完整的教学设计过程绘制成思维导图。因为完整的课程会有几个课时的教学设计，思维导图可以使教师将保持清晰的思路，同时通过反复检查，完善教学设计过程。

四、小结

综上所述，思维导图在文言文教学中有其独特的价值。在教学中，引入思维导图，解读文体特征，有助于帮助学生构建知识系统，促进学生形成科学的思维模式，激发学生求知的欲望，从而有效实现轻松、高效的课堂教学。

下面以具体案例加以说明。

《文言文二则》教案（第一课时）

教学目标

（1）会写4个生字，并清楚了解每个字的读音。

（2）可以流利地朗读课文，并对课文进行背诵。

（3）从当前的课本之中了解学习必须专注，不可以三心二意。

（4）感受文言文的特点，激发学生的学习兴趣。

教学重点

指导学生朗读和背诵；根据课后注释联系上下文，了解故事内容。

教学难点

弄明白每句话的意思，体会到学习必须专心致志、不可三心二意的道理；学习孔子实事求是的学习态度，体会学无止境的道理。

教学准备

教师：多媒体课件。

学生：搜集有关孔子的材料。

教学课时

2课时。

教学过程（第一课时）

一、谈话导入，揭示课题

（1）教师谈话：文言文是我国传统文化中的宝贵遗产，它言简意赅，记录了我国悠久的历史、灿烂的文明，不少文言文还揭示了深刻的道理。今天，我们一起学习一篇集知识性、趣味性和哲理性于一体的文言文——《学弈》。（板书课题，齐读课题）

（2）成语导入："专心致志"这个成语你熟悉吗？谁能讲讲它的意思？"专心致志"这个成语源自《孟子·告子上》中的一篇文言文——《学弈》。（板书：学弈）

（3）介绍孟子资料。

（4）释题："弈"指什么？"学弈"又是什么意思呢？（弈，本来专指下围棋，"学弈"就是学下围棋。现在的"对弈"，就是下棋的意思，但不限于下围棋。）

（5）引导学生就课题质疑，及时归纳整理并板书。

①谁学下棋？②怎么学下棋？③学的结果怎么样？④《学弈》这个故事告诉我们一个什么道理？

（6）课前同学们已经预习了课文，谁能给大家讲一讲《学弈》这个故事？

二、初读课文，读通句子

（1）教师范读课文，努力做到读得有声有色，流畅自如（最好能背诵），从而感染学生，激发其诵读兴趣。

（2）读后学生评价，及时归纳出朗读文言文的要点：一是读的速度要适中，二是停顿要得当。教师出示原文和停顿符号，帮助学生朗读。

学 弈

弈秋，通国之／善弈者也。使／弈秋／诲／二人弈，其一人／专心致志，惟／弈秋之为听；一人／虽／听之，一心以为／有鸿鹄／将至，思／援弓缴／而射之。虽／与之／俱学，弗若之矣。为是／其智／弗若与？曰：非／然也。

（3）学生模仿教师自由练读，直到读通读顺为止。

（4）同桌互读课文，互相纠错。

（5）再自由读，找到读文言文的节奏。

（6）齐读，再把没读懂的句子读出来。

（7）教师运用多种方式指导学生朗读课文，如指名读、比赛读、齐读等，直到读熟为止。

三、精读课文，理解文意

（1）学生对照课文注释，自己尝试弄懂每句话的意思，理解故事的内容，遇到困难教师及时帮助。

（2）同桌互相解疑释惑，合作学习，讨论每句话的意思，也可向教师请教。教师及时就文中比较难理解的词句进行指导，如"之"在不同句子里的意思不同；"与"是通假字，同"欤"，表示疑问，跟"吗"相同；弗若，不如；"为是其智弗若与"，在这句话里，"为"应读第四声，意思是因为；然，这样。

（3）学生对照注释，说说自己对文中语句的理解。教师及时讲解学生理解中的难点。(课件出示《学弈》参考译文：弈秋是全国最会下棋的人。让弈秋教两个人下棋，其中一个人专心致志，只听弈秋的教诲；而另一个人虽然在听弈秋的教诲，可是他心里总以为有天鹅、大雁一类的鸟要飞过来，想拿弓箭去射它。这样，虽然他同前一个人一起学习，却学得不如前一个人。能说这是因为他的聪明才智不如前一个人吗？我说：不是这样的。)

（4）同桌互相讲说故事内容。

四、自读思考，体会道理

1.教师引导学生逐一解答就课题提出的问题。

（1）谁学下棋？谁是老师？——有两个人学下棋，老师是全国最善于下棋的弈秋。

（2）（这两个人）怎么学下棋？——"其一人专心致志，惟弈秋之为听"（其中一个人专心致志，只听弈秋的教诲，注意力十分集中，一心一意）；"一人虽听之，一心以为有鸿鹄将至，思援弓缴而射之"（而另一个人虽然在听弈秋的教诲，可是他心里总以为有天鹅大雁一类的鸟要飞过来，想拿弓箭去射它，学习时注意力不集中，三心二意）。

（3）学的结果怎么样？——"虽与之俱学，弗若之矣"（虽然后一个人同前一个人一起学习，却学得不如前一个人）。

2.解答这些问题后，教师可以追问：是什么原因使"虽与之俱学，弗若之矣"？（引导学生理解：两个人学习结果不同，并不是因为他们在智力上有多大差别，而是他们的学习态度不同——前一个专心致志，后一个三心二意。）

3.《学弈》这个故事告诉我们一个什么道理？（学习、做事必须专心致志，不可三心二意。）

4.讲解过程中，画出思维导图（如下图）。

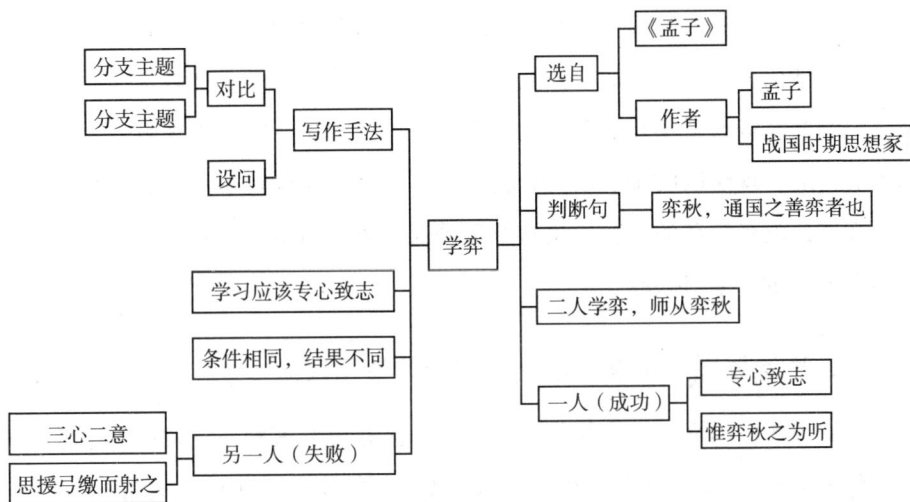

五、联系生活，深化认识

1.请学生谈谈学习本文的体会。（做什么事只有专心致志、一心一意才能成功。）

2.你能联系实际说一说吗？（让学生联系生活、学习中的经历充分发言，认识到不专心导致的不良结果，增强做事专心致志的意识。）

六、布置作业

1.抄写生字。

2.熟读课文并背诵。

第六节　说明文教学与思维训练的整合应用

一、说明文教学在小学语文教学中的意义

小学阶段的语文课文文体丰富，而说明文是让学生对事物进行理解或对事理进行辨别，让学生在说明文的学习中学会说明方法和说明顺序，增强学生阅读说明文的能力。说明文还有着普及知识，引导学生热爱科学、自主探究的功能，其教学也有着特殊性和难点，教学质量往往没有其他文体高。本节主要阐述了小学语文说明文的教学方法，希望对提高我国小学语文教学质量有所帮助。说明文是进行科学知识普及和说明的文体，出于开阔学生视野，丰富学生知识的目的，现阶段的小学语文教材纳入了很多科普性说明文。而说明文对比其他文体，没有生动的人物形象和曲折动人的故事情节，因此，学生对说明文的学习也缺少了学习兴趣。

二、思维导图在小学说明文教学中的使用误区

思维导图在语文教学中的作用得到了很多教育专家和一线教育工作者的认可，但是在实际的教学课程之中，对于思维导图的使用还有着很多的问题。

（一）用图意识淡薄

教师作为教学人员，通过教研活动和学习交流，大多能意识到思维导图在教学中的价值，与单一的文字相比，生动形象的图示更容易让学生接受。但是在小学高年级，教师认为学生面临升学的巨大压力，时间紧、任务重，绘制一幅完整、优秀且好看的思维导图，需要大量时间，还不如多背几篇课文、多做几道练习。学生对思维导图有兴趣，但用图意识不强。可以看出，虽然教师对思维导图的作用持肯定态度，学生也喜欢这种多色彩、多线条的图示，但是在教学中师生还没有真正意识到思维导图作为教学工具的作用，只是将其作为丰富课堂的手段。

（二）使用范围局限

在小学语文教学中，大部分教师习惯使用思维导图出示说明方法，这就局限了使用的范围。说明对象、说明对象特征、说明语言、说明方法、说明顺序、说明结构是说明文的六要素。根据训练要求，我们也可以扩大思维导图的使用范围，更好地为教学服务。

（三）导图形式单一

学生在课堂上较少运用思维导图，因此，他们往往将教师给出的范例作为参照。特别是受"向师性"倾向的影响，大多数学生所画的图与示范图相差无几。这一方面使得学生的思维导图较为标准化，另一方面也导致学生的思维变得狭隘。同时，师生对思维导图的认识局限于常见的气泡图，因此它在教学中使用频率最高，其他类型的导图则没有得到重视和有效利用。

（四）评价反馈欠缺

教学评价就是为了调节、激励、促进教学，然而部分教师在实际教学中忽视了此环节，为在课堂中体现新课改的理念，一味追求教学形式、教学方法的更新或改变。运用思维导图的过程以教师示范为主，部分学生只是根据示范图绘制，不求甚解。同时部分教师关注的是学生学习的结果，并不注重对学生的必要指导，也不注重对教学的合理评价。这种形式主义不可避免地导致学生在思维导图的应用上出现问题。

三、小学说明文教学中运用思维导图的策略

（一）强化用图意识，发挥导图功效

要想让思维导图发挥其重要功效，必须让师生意识到它的作用。对小学语文教师来说，首先要转变观念，思维导图的运用不应该是"多此一举"。俗话说，授人以鱼不如授人以渔，方法比结果更重要。小学高段尤其是六年级，需要将小学的各种知识融会贯通，而仅靠教师一字一句地灌输，学生会产生厌倦情绪，教师应借助思维导图激起学生的学习兴趣，进而达到事半功倍的效果。对小学生来说，若教师长期培养学生用思维导图归类、分析，久而久之，学生不仅会对导图很熟悉，绘制起来也能得心应手，不拘泥于形式，而且能将

导图灵活应用于生活和学习中。小学生对图画和色彩较为敏感，在教学中，教师有意识地利用多媒体展示思维导图，并用思维导图将文字表述转化为图文结合的形式，就会使学生意识到用图能使内容更简洁、更易记忆。以统编版语文教材五年级上册《太阳》一课为例，若采用常用方法，将特点和说明方法分别罗列出来，学生任务较重，也难以形成知识框架；而利用思维导图，将关键词与方法结合起来，学生既能认识太阳的特点，也能了解说明方法及其起到的作用，这样就实现了一举多得。

（二）拓宽使用范围，贯穿教学全程

思维导图在教学的各个环节中都有重要作用，正确使用导图可以帮助学生优化、整理和激发思维。以统编小学语文教材五年级上册第五单元的说明文《松鼠》为例，首先，在课前预习时，教师可以让学生用思维导图进行整体感知。课文第一句话就概括了松鼠漂亮、乖巧、驯良和讨人喜欢的特点，依据本句就能绘制出初步的思维导图。其次，在课堂教学时，教师可以借助思维导图帮助学生加深对课文的理解。确定主题是松鼠，次主题是松鼠的四个特点后，教师可以让学生通过朗读课文，自己确定下一级主题，即每一段的主要内容；再让学生逐段品读、分析，形成思维分支，分别将"漂亮""乖巧""驯良"和"讨人喜欢"后的内容补充进图中，整篇文章的内容就在图中一目了然。最后，在课后复习时，教师利用思维导图巩固提升。复习往往是一项很繁杂的任务，学生利用思维导图不仅可以梳理本课的知识要点，将零散的知识变得有序，还可以联系学习过的旧知识，查漏补缺，形成较为完整的知识网络。

（三）引导发散思维，绘制多样导图

思维导图的类型多种多样，除了括号图、气泡图，还有流程图、圆圈图、树状图等，教师在教学中应合理把握，提醒学生灵活应用，不必照搬照抄教师绘图，鼓励学生绘制各式各样、有理有据的思维导图，如使用流程图展现各种建筑的空间顺序。以六年级上册第三单元《故宫博物院》为例，课文按照总分的写作顺序，利用四则材料，先概述了故宫博物院的总体特征，而后由南到北依次介绍了太和门、太和殿、中和殿、保和殿、后三宫、御花园以及神武门。教师可让学生利用思维导图展现出这些特点，绘制故宫参观路线，同时也达到课前的要求。

引入思维导图是为了发散学生思维，教师若严格限制学生绘图，不仅不能发挥思维导图的功效，反而会束缚学生的创新思维。因此，教师应允许学生针对不同的内容要点，绘制不同的思维导图，这能充分激发学生的想象力，训练学生的发散思维。

（四）引入评价体系，丰富评价方式

评价是教学的"服务器"，有效的评价可以促进教学。在绘制思维导图时，部分教师常常忽略评价环节，以为绘图只是为了丰富教学方式，这往往导致思维导图不能发挥功效。因此，教师必须在理念上摒弃形式主义，将思维导图真正落实到教学中，让学生重视思维导图，更加关注自己的学习过程。同时，传统的关注结果的评价方式不利于学生综合能力的发展。针对这种评价方式的弊端，教师在教学时，可以采取多种评价方式，重视过程。如既可以让学生进行自评，独立思考导图的不足；也可以让学生互评，互相指出优点和缺点；还可以教师点评，提出改进之处。评价方式的结合有助于学生及时反思，吸取别人的经验并自主改正，不断修改和完善思维导图。总之，思维导图在说明文教学中有其独特的价值。在教学中，引入思维导图，解读文体特征，有助于帮助学生构建知识系统，促进学生形成科学的思维模式，激发学生求知的欲望，从而有效实现轻松、高效的课堂教学。

下面以具体的案例加以说明。

《纳米技术就在我们身边》教案（第二课时）

教学目标

（1）会认"乒、乓"等11个生字，掌握多音字"率"的不同读音，能正确美观地书写"纳、拥"等15个生字，正确读写"纳米、无能为力"等16个词语。

（2）朗读课文，把文中的科技术语读正确，提出不理解的问题和同学交流。

（3）联系生活实际和查找的资料，理解课文内容和含义深刻的句子。

（4）感受科学技术给人类带来的巨大变化，激发学生热爱科学、探索科学奥秘的兴趣。

教学重点

理解课文内容，了解科学技术给人类带来的巨大变化。

教学难点

养成在阅读中思考、提问的习惯，学会与同伴合作尝试解决问题。激发学生热爱科学的情感和学习科学、探索科学奥秘的兴趣。

教学准备

教师：多媒体课件。

学生：搜集纳米的相关资料。

教学课时

2课时。

教学过程（第二课时）

一、情境导入，发散思维

（1）教师：同学们，如果要切除肿瘤，肿瘤小而手术刀大，那该怎么办呢？医生如何完成不流血的外科手术呢？这一切就要请纳米机器人了。纳米技术是20世纪90年代兴起的高新技术，是继基因、互联网之后人们关注的又一大热点。这节课，我们继续学习之旅吧！

（2）学生自由发言谈谈对纳米技术的认识。

二、朗读课文，明确概念

（1）课件出示问题，学生带着问题朗读全文。

①什么是"纳米"？②什么是"纳米技术"？③什么是"纳米机器人"？④"纳米"神奇在哪里？

（2）学生自主思考后交流问题。

（3）提出不明白的问题与同学交流并尝试解决。

（4）板书，画出思维导图部分内容。

三、重点阅读，深入理解

1.学生朗读课文第3、4自然段，思考：这两段话分别是围绕哪句话来写的？分别写了什么内容？

2.讨论交流：

（1）第3自然段是围绕"纳米技术就在我们身边"来写的，主要写了纳米技术离我们很近，就在我们的生活之中。

（2）第4自然段是围绕"纳米技术可以让人们更加健康"来写的，主要写了纳米技术用在医学上可以预防、治疗疾病。

3.学生围绕这两个自然段谈谈自己的理解和感悟。

4.黑板板书思维导图剩余部分。

四、讨论交流，感悟写法

1.教师导言：这篇短小的科技说明文将"纳米""纳米技术"这样一些专业术语以及蕴藏其中的深奥抽象的理论说得浅显易懂，你们能举例说说作者用了什么妙招吗？

2.学生交流自己的思考所得。

预设：（1）减少专业术语的使用。

（2）借助大量的事例和形象生动的语言深入浅出地阐述抽象的理论。

（3）尽量多次使用生动、活泼的语言。

3.引导学生体会科普读物深入浅出地介绍科学知识的特点，其中要对学生强调的一点是：写科普文章语言除了生动、活泼外，用词准确也是必须做到的。

五、延伸学习，展示神奇

1.课件展示收集到的有关纳米技术的新产品。

（1）图片1：美国已研制成功的"自净"玻璃。

（2）图片2：中国研制成功的人工骨粉。

（3）图片3：美国正在研制的"纳米战袍"。

2.介绍纳米的神奇之处：在医学上，外科手术不用手术刀，而用纳米机器人在人体内清除病灶，不流血，病人无痛苦；在日常生活中，由纳米传感器和纳米变色材料组成的纱窗会自动送入新鲜空气，自动调节室内的亮度；在航空方面，用纳米制造卫星可以将数百万颗微小卫星送入太空。

六、科海冲浪，布置作业

1. 如果让你利用纳米技术，你会把它运用到生活中的哪些地方？发挥想象写一写。

2. 这节课我和同学们一起去科学的海洋遨游，领略纳米的神奇，体验阅读的快乐，大家还想了解纳米科技的最新进展吗？请以四人为一小组，查阅报纸、杂志，或上网查阅资料，每一个小组办一份以纳米科技为主要内容的手抄报。

第七节　快乐读书吧与思维训练的整合应用

《义务教育语文课程标准（2011 年版）》指出：少做题，多读书，好读书，读好书，读整本的书。快乐读书吧是统编版语文教材新增的栏目，旨在教师重视课外阅读，课外阅读课内化，培养学生的阅读兴趣，扩大其阅读量，使其掌握习得方法，丰富其语言，发展其思维。可见，整本书阅读的重要性。那么，我们应该如何有效地开展课外阅读指导呢？下面谈谈具体做法。

在阅读导读课中，要落实思维训练策略的教学，让学生掌握解决问题的方法和路径，提升学生的语言理解能力和独立思考能力，其基本策略如下。

一、追问策略

提问是教师在课堂上常用的一种教学方法，而追问则是阅读课上的一种教学艺术。追问是否有效直接影响学生思维的广度和深度。长时间使用追问，能有效地培养学生动脑思考的习惯，有利于提高课堂教学效果。

有效追问是指在学生回答教师设定问题的基础上，教师根据学生临时回答的内容，再设置与问题内部关联的高阶问题，引导学生进一步探索，从而获取新的知识。

创设情景是有效追问的教学方法。教育大家李吉林、于永正等名师常常使用这一方法。第一学段，我们常用情景演示法、因果法进行追问；第二学段，常用生活情景法、对比法、假设法进行追问；第三学段，常用创设情景法、关系法进行追问。我们可以从正面、反面、侧面三个角度进行追问，无论使用哪种方法追问，教师都要善于找到知识和问题的关联，找到追问的切入口，这样才能帮助学生建立问题与思维的连接，达成共鸣，激活思维，提高学生的思维能力。

如执教曹文轩先生的作品《青铜葵花》，在导读课上，教师这样追问：文中仅仅描写了景色美吗？作者还展示了一个苦涩又甘甜、清冷却温馨的优美画面，为什么会出现这种画面呢？这就是爱的力量。（板书：爱）这种爱充满情意，充满生机。下面我们通过一个片段来进一步理解。

课件出示：

（1）通过品读感悟，作者是怎样写出爱的力量的？

（2）谁能告诉我，读了这一段，你了解到了什么？

（3）哪位同学能把描写"这种爱充满力量，这种爱充满情意，充满生机"的句子找出来。将你的体会跟我们分享分享。

在这个教学片段中，教师创设情景进行提问、追问，借助文本、借助具体的情境，引导学生展开思考。因此，学生对"青铜葵花"的理解是实在的、透彻的、全面的。让学生在交流中学会欣赏，在欣赏中升华，这种理解是具体的、真实的，激发了学生的思维，丰富了他们的想象力。

二、联想策略

联想是想象发展的基础，是智力的重要因素之一。从想象中，爱因斯坦提出了著名的相对论，瓦特发明了蒸汽机，牛顿发现了万有引力定律，诗人卞之琳写出了著名的《断章》，可见，联想是可以发展创新思维的。

小学生对大自然充满好奇，喜欢探索大自然的奥秘，看见蚂蚁，喜欢用手去玩弄一下；看见青蛙，喜欢停下脚步，观赏一下；看见鲜花，喜欢用鼻子闻一下，这些，为他们提供了丰富的联想条件。

如《草原上的小木屋》整本书的导读课，教师是这样引导孩子们展开想象的：

常言道：看书看皮，看报看题。读书要先看书的封面。书的封面是书的眼睛；题目是文章的凝练。出示封面：

（2）告诉大家，通过看封面，你看到了什么或知道了什么？

（2）你第一次看到这个封面的时候，你是怎么想的？

教师教学这个片段时，首先以配乐朗诵的形式为学生创设生动的情景，然后引导学生开展联想和想象，再以小组的形式进行交流和表达；学生将语言文字所描述的场景、人物和事件进行联想，形成新的形象，促进形象思维的发展。

三、预测策略

统编版三年级语文上册编排的阅读策略单元，其语文要素就是预测。预测是语文教学中常用的策略，具有趣味性，它能激活学生已有的认知（思维）体验，调动学生阅读的积极性，培养学生的阅读兴趣。预测策略是指教师或学生根据文本的内容特点，用已有的认知经验提出猜测的问题，通过"猜测—验证"的方法层层推进学习活动。

按预测的线索来分，可以借助题目进行预测，也可以借助教科书的插图进行猜测，也可以根据故事情节进行猜测，还可以借助转折的词语、过渡的语句进行预测等。按预测策略的使用来分，可以对文章的内容进行预测，或对文章的结构、语言进行预测。

如《城南旧事》导读课，教师突出了预测策略的学法指导，让学生观察图片预测内容，让学生围绕目录预测内容。如学习完第一章节的内容，教师让学生根据内容预测事情发展的情节，还可以引导学生从语言表达的角度做出预测。

在教学过程中，教师要给学生充足的思考时间，提示学生不能随意预测，应有理有据地预测，可以结合已有的生活经验，根据标题、图片和故事内容预测故事情节和结局。

下面用具体的教学设计跟大家交流，希望能帮助到大家。

《大自然里的故事》整本书导读课教学设计

教学分析

《大自然里的故事》是世界级自然文学大师康·帕乌斯托夫斯基写给孩子的故事：猎人射伤的一只野兔，放下仇恨，在火海中把猎人救出来。无礼的小男孩侮辱了受伤的战马，给整个村庄带来了灾难，幸好他及时改过，得到了战马的原谅……九个故事都激动人心，充满了温暖。

学情分析

三年级的孩子，好奇心很强，善于探索身边的事物。他们刚接触中长篇阅读，缺乏阅读经验，缺乏阅读方法，阅读兴趣、阅读习惯有待进一步培养。

设计思路

预测是三年级上册阅读单元的阅读策略。为了打通课内外阅读，培养孩子们的阅读兴趣与习惯，我们根据孩子的阅读基础，根据教科书的阅读训练要求，定位于整本书阅读的基本方法设计。

教学目标

（1）让学生掌握了解一本书大概内容的基本方法。

（2）让学生掌握读懂自然文学故事的基本方法。

教学重点

让学生掌握了解一本书大概内容的基本方法。

教学难点

让学生掌握读懂自然文学故事的基本方法。

教学准备

（1）教师准备：充分解读文本，整合教学资源。

（2）学生准备：预习《密林中的熊》序言。

暖场活动

梦境。

教学过程

一、问题驱动导入

厚厚一本书，该怎样去读呢？我们又有哪些方法可以快速了解一本书的大概内容呢？谁来说说？（封面、封底、目录、内容提要）

【设计意图】遵循小学生的年龄特点和儿童积极心理发展的原则，利用孩子们的好奇心，引导孩子们快速进入学习状态。

二、整体感知

（一）看封面，说发现

常言道：看书看皮，看报看题。

出示封面：

（1）从封面上，你获取了什么信息？

（2）预测：这只熊会遇到什么困难或危险呢？结局又会怎么样？请大家大胆想象。

过渡：同学们，从封面上我们还可以关注什么信息？

阅读小妙招一：

发挥想象就能深入领略故事情节的魅力。

生1：书名。

生2：作者的名字。

过渡：哪里还有介绍作者的信息？

（二）看勒口，说发现

师：从勒口，你知道了作者的代表作是什么？他差一点获得什么？补充：作者写的战争题材作品进入了诺贝尔文学奖决选名单。

过渡：哪里有介绍自然文学的信息？

（三）看环衬，说珍贵

师：环衬告诉我们自然文学是……

过渡：哪里还有进一步介绍作者的信息？（序言）

（四）看目录，说发现

导语：这本顶尖文学家写的书到底写的是什么呢？请同学们打开书本的目录看一看吧。（出示：目录表）从目录中，你发现了什么？

生1：故事的主人公是动物或植物。

师：童话故事的主人公往往是人。人物密码：自然文学故事里的主人公一般是人和动植物，而且动植物大都是主要人物。

阅读小妙招二：看封面、勒口、序言、目录等信息，可以帮助我们快速了解一本书的大概内容。

【设计意图】遵循小学生认知发展规律的原则，由易到难，从浅到深，有层次性地培养孩子的阅读能力。

三、制订阅读计划

过渡：上课之前有同学问我，该如何制订阅读计划？你们想不想知道？

师：看目录，排序号。九个小故事，你想先读哪个，后读哪个？用笔在目录前面标出来。

师（巡视）：谁来说说。你为什么这样排序？

生谈自己排序的原因。

生填写自己的阅读计划表。

【设计意图】先说，后写。说，打开了学生的思维；写，进一步规范学生的语言思维。

四、学习阅读策略

导语：怎么样才能读懂一个故事呢？

生说，师出示单元导读。

师：从哪里开始猜测？

生：从题目、图片进行猜测。

师：好，那么我们就从题目开始猜测。

（一）看目录，猜故事

生：看题目进行猜测。

师：给猜测策略。

生：根据策略，看目录再猜测。

师：点评。

出示阅读小妙招三：

根据目录猜故事的人物和情节。

通过推理，猜故事的发展，故事中的主人公会遇到什么困难，他们是怎么解决的？

预测故事的结局。

（二）看图片，猜故事

生：根据图片猜故事。

师点评：你善于想象，有理有据。

（三）出示图片：熊来了

师：熊是攻击性很强的动物。它来干什么？它会遇到什么困难？

生大胆猜测。

师（出示句子）：我要去把牛犊（dú）们剥（bō）了。接下来会发生什么事情？

生猜测。

师出示句子：彼佳抡（lūn）起鞭（biān）子抽打熊，但没有够着，只打到了水面上。

生进一步猜测。

师出示众物斗熊的图片。

生看图猜测。

师：老康爷爷是怎么样写的呢？我们来看看。分别出示句子。

（1）藤蔓（téng wàn）紧紧缠（chán）住了熊掌。

（2）老柳树抽打熊干瘦的腰。

（3）啄木鸟狠狠地啄（zhuó）熊的头顶。

师：仅仅用推理和预测的方法猜测故事还是不够的，我们还可以把自己想象成童话中的主人，和故事中的人物一起欢笑，一起悲伤。还会有什么动物或植物来斗熊？请大家大胆猜测。

生猜测。师随机点评。

师：老康爷爷是怎么样写的呢？我们来看看。分别出示句子：

（1）熊蜂钻进熊的鼻孔，蜇（zhē）它的鼻子。

（2）各种各样的鸟啄熊的细毛。

师：你猜对了吗？

小结：从藤蔓至老柳树至啄木鸟至熊蜂至各种各样的鸟。

总结阅读小妙招四：一边默读一边推理，顺着故事发展的情节去猜测。

【设计意图】创设情景是有效追问、预测的教学方法。追问、预测是否有效直接影响学生思维的广度和深度。长时间使用追问、预测，能有效地培养学生动脑思考的习惯，有利于提高课堂教学效果。

五、拓展延伸

小朋友们，这个故事有趣吗？有趣在哪里？故事书里还有八个小故事，也很有趣，你能在阅读中找出来吗？

【设计意图】学以致用，让孩子们感受故事的趣味性，激发他们阅读的兴趣，从而培养阅读习惯。

六、总结

同学们，读书就如同"挖宝藏"，有方法的人就挖多一点，没有方法的就空手而归，白费力气。你知道有哪些方法能更好地阅读一本书吗？谁来分享？

最后，让我们一起说出我们读书的口号吧：享受阅读，快乐收获！

【设计意图】通过总结，提高孩子们阅读的意识，进一步认识到阅读方法的重要性。

七、趣味作业

（1）积累新鲜词句。

（2）制作读书卡。

【设计意图】为了落实三年级上册的语文要素，设计这种创新性作业，既丰富了孩子们的课外知识，又培养了他们的阅读兴趣，更重要的是培养了孩子们的动手能力。

八、板书

思维导图。

【设计意图】思维导图，简洁明了，一目了然，便于孩子们记忆，便于孩子们掌握整本书阅读的方法与技能。

概而言之，整本书阅读就是为学生搭建阅读的平台，有利于师生共读共写，并从分享和展示中体验读书的乐趣，从中学会读书的方法。阅读是学生积累语言、积累知识、发展语言、发展思维的有效途径，既可以开阔学生的视野，又能够培养学生的静气；既可以学习各种读书方法，又可以帮助学生形成优秀的人格，从而提高学生的核心素养，加深学生的文化底蕴。

第八节　口语交际与思维训练的整合应用

《义务教育语文课程标准（2011年版）》指出："语文是最重要的交际工具，是人类文化的重要组成部分。"口语交际旨在丰富语言，发展思维，提高学生的沟通能力。由此可见口语交际在小学阶段的重要性。下面谈谈口语交际和思维训练整合的基本应用。

一、以读促悟，完整表达

教师引领学生有梯度地朗读，通过集体读、小组读、分角色读、带着问题读等形式，培养学生的语感，积累词汇，并通过切实的问题引导学生读中感悟，在情景交际中发展语言，丰富语言，从而提升思维品质。如《桂林山水》片段：都说漓江很美，它美在哪里？我们一起来读读这段话。既然刚才有同学说，漓江的水很美，那么水又美在哪里？请你们自己读一读。学生入心入脑地读，仿佛身临其境，情绪高涨，大家争先恐后地发言，在交流学习中打开了思路，习得了语言。

二、大胆质疑，提出问题

大胆质疑，提出问题，能有效地培养学生的创新思维。如教学《草船借箭》第一课时，教师先引领学生围绕题目提出问题：为什么要用草船借箭？谁用草船向谁借箭？草船可以借到箭吗？等等。可见，提出问题可以打开学生的脑洞，促进思维发展。第二课时，学完课文内容时，教师再次让学生质疑：假设曹操出兵，这可怎么办？假设鲁肃把借船的事情告诉周瑜，还能借到箭吗？这些问题都是学生自己提出的，具有时效性。交流学习中，他们能踊跃发言，各抒己见。

三、明确说法，善于倾听

在课堂上学生应该怎么样倾听？如何让学生说得言之有序、有理、有物、有节，这就需要教师突出方法的指导。下面通过具体的口语教学设计跟大家交流。

口语交际"我最喜欢的玩具"教学设计

教材分析

统编版二年级语文上册第三单元口语交际"我最喜欢的玩具"，插图贴近孩子们的日常生活，浅显易懂，孩子们一看就明了，能打开孩子们的脑洞，促进积极思维，让他们有话可说。

学情分析

二年级的孩子，喜欢表现自我，但缺乏词汇量，句子表达不完整，语言碎片化，需要教师给句式，给提示，才能完整表达。

设计思路

（1）创设生活情境，让孩子们走进生活。

（2）小组交流，打开思路。

（3）优生先讲，后进生复述。

教学目标

（1）引导学生分步骤观察图片上的玩具。

（2）引导学生讲玩具的外形特点、功能。

（3）让学生清楚、完整地表达自己心里所想的话。

（4）在交际中学会认真倾听别人的发言，并做出简单的评价。

教学重难点

（1）让学生清楚、完整地表达自己心里所想。

（2）在交际中学会认真倾听别人的发言，并做出简单的评价。

教学准备

（1）课前布置学生选好玩具，问清玩具来历，做好对玩具的观察。

（2）制作有关的课件、奖品。

教学过程

一、创设情境，触发交际

（1）小朋友们，你们喜欢玩具吗？想和玩具交朋友吗？那老师就带你们到玩具商店去逛逛吧！

（2）哇！玩具可真多呀！我看到同学们都被吸引了，你认识它们吗？

过渡：玩具就是我们的朋友，我们怎么会不认识呢？这么多的朋友，你最喜欢哪位朋友呢？这节课我们就一起来学习口语交际"我最喜欢的玩具"。

二、师生互动，自主交际

交际一：告诉大家玩过什么玩具。

（1）同学们，你们都玩过什么玩具？

（2）没想到你们的玩具朋友可真多！（生开火车）

（3）师小结。

【设计意图】孩子们结合生活实际，谈自己玩过的玩具。语言来自生活，孩子乐于表达，达到了人人参与的效果。

交际二：告诉大家你最喜欢的玩具朋友是谁，为什么喜欢？

（1）孩子们，这么多的朋友，你最喜欢谁？哪位小朋友想跟我们分享？

（2）说得真精彩！但黄老师有个小小的要求：问别人话时要有礼貌，听别

人说话时要注视着对方安静地倾听，说的时候要说清楚，能做到吗？（板书有礼貌、听明白、说清楚）

（3）刚才大家都说了心中最喜欢的玩具朋友，可是，我们为什么喜欢它呢？同桌互相说说。

（4）师小结。

【设计意图】同桌先交流，然后小组交流，最后全班交流，达成了合作沟通的效果。孩子们愿意说，调动了学习的积极性；孩子愿意听，学会了思考，学会了判断，学会了积累语言，学会了表达。

交际三：向他人介绍自己最喜欢的玩具朋友。

（1）孩子们，现在我们来分享自己喜欢的玩具，看谁能清楚、完整地介绍给大家。谁先带玩具上台分享？

（2）这位小朋友表达得是否清楚、完整，谁来说说？

【设计意图】教师用评价的方法促进学生学习怎么样表达，大部分孩子在说评中学会了介绍玩具的方法。

交际四：分享玩具，并把玩法分享给你的同学。

（1）小组分享玩具，并交流玩法。

（2）小组汇报：上台展示，并分享玩法。

（3）孩子评价。

（4）师小结：同学们，你们评得真有道理，真有水平！

【设计意图】抓住孩子们喜欢表现自己的心理特点，分享玩具，分享玩法，符合学生的认知规律。孩子们在分享中进一步说出自己喜欢的玩具是什么、怎么样玩。在汇报中进一步规范孩子们的语言，让孩子们清楚、完整地表达怎么样玩，为什么喜欢。孩子们说得出彩，这样，就使口语交际训练达到新的飞跃。

交际五：如何劝说不爱护玩具的同学。

（1）同学们，你们都喜欢玩具吗？喜欢就要爱护它、维护它。可是我们身边就有随意乱扔玩具的同学，你有乱扔过玩具吗？小汽车叫起来："小东，我被积木压得喘不过气来了。"积木哭着鼻子说："我的皮被磨破了。"小白兔说："我很脏，我要洗澡。"玩具们都说："我们不和乱扔玩具的孩子做朋友！"

（2）你认为小东这样做对吗？你想对他说什么？

（3）孩子们举手发言。

（4）集体评价交流。

【设计意图】在口语交际中渗透习惯性养成教育，既让孩子们学会了表达，又达成了思想教育。

三、课外拓展，延伸交际

同学们，你们的表现真棒！个个能说会道，今天学得开心吗？快乐吗？好！今晚就把你最喜欢的玩具介绍给父母或爷爷奶奶听，记得说清楚喜欢的原因。

【设计意图】让孩子回家分享自己喜欢的玩具，这是让口语交际走进生活，在实践中进一步交流，既提升了学生的口语表达能力，又让学生的思维得到了进一步发展。

这节课凝聚我们二年级语文科组的集体智慧，通过集体备课、多次打磨、多次修改而成的教学设计，设计有台阶有梯度，先是学生形象性思维表达，然后是深度思维的表达，分层教学，一步一步地引导学生把话说清楚、说完整。通过节课，学生发展了语言，提升了思维品质，效果较好。